Ami Boué

Bibliographie der künstlichen Mineralienerzeugung

Methodisch-chronologisch zusammengestellt

Ami Boué

Bibliographie der künstlichen Mineralienerzeugung
Methodisch-chronologisch zusammengestellt

ISBN/EAN: 9783743627628

Hergestellt in Europa, USA, Kanada, Australien, Japan

Cover: Foto ©ninafisch / pixelio.de

Weitere Bücher finden Sie auf **www.hansebooks.com**

Bibliographie der künstlichen Mineralienerzeugung.

Methodisch-chronologisch zusammengestellt

von Dr. Ami Boué,

wirklichem Mitgliede der kaiserlichen Akademie der Wissenschaften

(Vorgelegt in der Sitzung am 20. October 1864.)

„Non fingendum aut excogitandum, sed experiendum quid natura faciat aut ferat", schrieb einst Bacon und er hatte ganz recht, indem er auf die reichsten echt philosophischen Quellen des Wissens für die Geogenie und Geologie hinwies. Chemie und Physik sind für jene Lehren, was Mathematik für Astronomie ewig bleibt; beide Classen von Wissenschaften können zu einer Fülle von Resultaten führen. Der Fachgelehrte allein muss unter diesen diejenigen zu wählen verstehen, welche sich in der Natur wieder finden, indem er zugleich zu erkennen gibt, warum eine Anzahl anderer dieser letzteren Kategorie fremd bleibt und ewig fremd bleiben wird.

Dieser Gedanke führte mich zur Bearbeitung der hier beigelegten Bibliographie der künstlichen Erzeugung von Mineralien, zu dessen Aufzählung ich erstlich das Allgemeine von dem Detail absonderte und dann chronologisch meine Citate ordnete, um eine förmliche Geschichte jenes höchst interessanten Theiles der Geologie zu bekommen. Geognosten so wie Chemikern und Physikern dachte ich damit einen Dienst zu leisten. Doch wohl bemerkt, habe ich mich auf die reelle Erzeugung von Mineralien fast beschränken müssen, indem ich nur einige Beobachtungen der Art dazu gefügt habe, welche die Natur selbst auf das deutlichste in Bergwerken oder sonst anderswo bewerkstelligt. Alle theoretischen Ansichten über die Bildung der Mineralien, selbst die durch die Chemie bestätigten, blieben ausser meiner Lese.

Die künstliche Erzeugung von Mineralien ist fast nur ein Product der wissenschaftlichen Thätigkeit unseres Jahrhunderts. Unter 791 Werken, Abhandlungen oder Notizen gehören nur 55 dem verflossenen, indem die ältesten Schriften der Art nur bis 1721 und 1729 zurückgehen, und noch dazu die meisten nur während den zwei letzten Decennien des vorigen Jahrhundert herausgegeben wurden, namentlich vom Jahre 1780 bis 1789 29 und von 1790 bis 1799 10, indem von 1740 bis 1749 nur 2, von 1750 bis 1759 nur 3, von 1760 bis 1769 nur 2 und von 1770 bis 1779 nur 7 erschienen. Dazu kommt noch die Bemerkung, dass diese Versuche theilweise nur gelangen und meistentheils nur auf dem trockenen Wege zu Stande kamen, die anderen waren fast alle misslungen. Anfangs unseres Jahrhunderts wendeten Gelehrte schon mehr Aufmerksamkeit diesem Gegenstande, oder besser gesagt, die Fortschritte der neueren Chemie erlaubten schon solche Untersuchungen in einer gründlichen Form. Die Zahl der Abhandlungen wuchs von Decennium zu Decennium. Wenn es in dem ersten Decennium 21 gegeben hatte, so zählte man deren 41 im zweiten, aber besonders nach dem allgemeinen Frieden Europas im Jahre 1815 wuchs sogleich diese Zahl für das dritte Decennium auf 109. In den Jahren 1830 bis 1839 kamen 114 heraus, in den Jahren 1840 bis 1849 179, in den Jahren 1850 bis 1859 265 und seit 1860 zähle ich deren schon 67.

Was die Werke über die künstliche Erzeugung der Mineralien betrifft, so gab es bis jetzt fast gar keine, welche den Gegenstand auf allen Seiten beleuchtete, wenn nicht Bischof's chemisch-physikalische Geologie als Ausnahme gelten sollte. Doch für besondere Arten der Erzeugung, wie vorzüglich für diejenige auf dem trockenen oder feurigen Wege, kennt man bis jetzt einige wenige, unter welchen die von Hausmann, Koch, Leonhard, Gurlt und Manross den ersten Rang einnehmen, indem unter den Abhandlungen besonders die Mitscherlich's, Gaudin's, Ebelmen's, Sainte-Claire Deville's, Fournet's u. s. w. ausgezeichnet sind. Unter den anderen Erzeugungsmethoden sind nur mehr oder weniger ausgedehnte Denkschriften vorhanden, unter welchen für die Verfahrungsweise auf dem nassen Wege man vorzüglich die von Fuchs, Kuhlmann, G. Bischof, Becquerel, H. Rose, B. Damour, Senarmont, Daubrée und Delesse hervorheben kann.

Über elektrochemische Erzeugung hat bekanntlich Becquerel das Vorzüglichste geliefert, Ritter war der erste auf dieser Bahn, ihm folgten John Davy, Crosse, Fox, Schoenbein, Paillette, Hunt u. s. w.

Meine Bibliographie fängt mit einer allgemeinen Aufzählung der Werke und Abhandlungen über künstliche Erzeugung der Producte des Mineralreiches in der Zahl von 57 an. Dann kommen an die Reihe:

1. die besondere Erzeugung auf nassem Wege 38 Citate, namentlich die eigentlichen 15 Citate, die mittelst Hitze und Druck, 16 Citate; unter letzteren 7 für Bildungen im Dampfkessel. In diesem Fache begegnen wir natürlich mehreren Namen unserer berühmtesten Chemiker, wie Berzelius, Wöhler, Bunsen u. s. w.;

2. die besondere elektrochemische Erzeugung, mit 33 Nummern, unter welchen 13 dem Herrn Becquerel allein gehören;

3. die besondere Erzeugung auf trockenem Wege mit 117 Citate, namentlich für eigentlich solche Erzeugung mittelst Sublimation u. s. w. 45, durch Feuerbrünste 5, langwierige Hitze 7, Abkühlung 7, Entglasung 15, Krystalle im Glase 9, Hitze sammt Druck 9, prismatische Sandsteine 12, andere Veränderungen 3, Druck, Ziehung, Percussion, Vibration, Oscillation, Berührung 6. In dieser Aufzählung prangen für den Anfang dieses Jahrhunderts die Namen Sir James Hall, Watt, d'Artigues, de Drée, Fleuriau de Bellevue, später die von Perkins, Cagniard de la Tour, Sorby u. s. w., welche so wichtige Thatsachen besonders für die Bildung feuriger Gesteine lieferten.

Weiter folgen die Referate über alles, was die Krystallbildung betrifft, in der Zahl von 68, namentlich für das langsame Krystallisiren 2, Krystallisation durch Austrocknung 2, Formenhervorbringung 24, Erzeugung grosser Krystalle 4, Erzeugung der Veränderungen in den Winkeln der Krystalle 3, Hervorbringung von Formenveränderungen 3, verschiedene Formen für dieselben chemischen Verbindungen 7, Erzeugung secundärer Flächen in Krystallen 9, treppenförmige Krystalle 1, Hemitropien 2, Isomorphismus 2, Episomorphie 1, Pseudomorphosen 2.

In jenem Theile glänzen die Namen Mitscherlich, Rose (Gust.). Frankenheim, Hausmann, Rammelsberg, Noeggerath, Carnall, Scheerer, K. v. Hauer, Marbach. Reich; neben denen von Leblanc, Lavalle, Berthier, Niklés. Gaudin, Payen, Kuhlmann, Pasteur und Durocher. Die

Untersuchungen auf diesem Felde erstrecken sich schon zurück bis in das vorige Jahrhundert.

Den Eigenthümlichkeiten der Krystalle und Mineralien sind 22 Citate gewidmet, namentlich für Efflorescenz 4, für Verwitterung 2, für colorirte Ringe 3, für blaue Färbung 3, für Irisation 5, für Asterismus 1, für Löcher in Krystallen und Drüsen 3, für schaalförmige und oolithische Bildung 2.

Endlich folgt die alphabetische Aufzählung von ungefähr 260 künstlich erzeugten Mineralien, mit den kurzmöglichsten Andeutungen über die Erzeugung derselben, wohl aber nur für Fachmänner verständlich. Dieses Capitel enthält 456 bis 500 Citate, obgleich die Zahl der eigentlichen Abhandlungen kleiner ist, da in einer manchmal über mehrere Mineralien gesprochen wird.

Eine eigene Abtheilung für die Analysen der künstlich erzeugten Mineralien enthält 109 Referate, welche noch zahlreicher hätten werden können, wenn man die Schlackenanalysen dazu genommen hätte.

Das Ende dieser Arbeit bildet die künstliche Erzeugung der Gebirgsarten mit 100 Referate, namentlich für Felsarten 58 Citate, für Erzlager und Gänge 6, für Verwitterung der Felsarten 2, für Gebirgsartenstructur 5 Referate, für Gerölle und Felsenschrammen 4 Citate, für thierische Petrificirung durch Kalk und Kieselerde 4 Citate, für diejenigen der Pflanzen 3 Referate und für die Bildung der Braun- und Schwarzkohle 14 Citate sammt dem Torfe und die Erdharze mit 3 Citaten.

In diesem Theile finden wir besonders die Namen von Daubrée, Hausmann, H. Rose, Durocher, Dechen, Sainte-Claire, Deville; für Erzgänge die Becquerel's und Cotta's; für Petrificirung die Ehrenberg's; für Pflanzenpetrificirung die Goeppert's und Morris und für die Braun- und Schwarzkohlenerzeugung die von Goeppert, Fournet, Macculloch u. s. w.

Wenn man sich die Frage stellt, welche Menschenrace in diesem Fache am meisten geleistet hat, so muss man den Franzosen und ganz besonders der Pariser Schule die Palme lassen. Nicht nur haben sie manches Mineral wieder erzeugt, sondern auch diese Erzeugung auf den drei verschiedenen Hauptwegen versucht. Nach ihnen kommen unstreitig, nicht sowohl die Germanen als besonders die Deutschen, welche vorzüglich viele Beobachtungen auf dem trockenen und selbst nassen Wege wegen ihren zahlreichen Hütten- und Hochöfen machen konnten. Norddeutsche waren in dieser Hinsicht fleissiger als Süddeutsche, besonders als Bayern und Österreicher. Die Anerkennung einer Zurücksetzung der Deutschen gegen die Franzosen in diesem Fache kann diesen Stamm nur in der Achtung der wissenschaftlichen Welt erheben, denn da die Deutschen die Franzmänner in anderen Fächern anerkannter Weise überragen, wie z. B. in der Meteorologie, vorzüglich die Berliner Schule, in der Physiologie u. s. w. In Allem die ersten sein wollen, das ist eine eitle Schwäche, welche man wohl anderen Racen überlassen kann. Unter den anderen Germanen wurde nur Einzelnes geliefert; die Schweden, so wie die deutschen Schweizer und auch die Belgier, Anglosachsen blieben in diesem Fache gegen Deutsche und Franzosen zurück, obgleich sie in einzelnen Abtheilungen besonders für Resultate im trockenen Wege und über diejenigen der Hitze sammt Druck, manche schätzbare Erfahrung der Wissenschaft erworben haben. Die Nordamerikaner, die Italiener und Spanier sind die Racen, welche am wenigsten in diesem Fache productiv waren.

Bibliographie

der künstlich erzeugten Mineralien im Allgemeinen.

*. . . . . Artem experientia feci
Exemplo monstrante viam. Manilius.*

Diss. physica I de natura artificiosa in producendis et formandis lapidibus quam preside Ern. Godofr. Christ. Schroedero in almo Leucorea die Oct. 1759 placidae eruditor. disquisitione subjecit M. Christ. Gottl. Gitlingius Wittemberg 1759 auch 1761 4°. — Hamb. Mag. 1761, Bd. 25, Th. 5, S. 479—502.

Beckmann (Joh.), Ermahnungen an die Akademien, um Versuche längerer Dauer über die Wirkung der Luft, des Wassers, der unterirdischen Dünste, der vulcanischen Hitze und der Thermalwässer auf verschiedene Mineralgattungen anstellen zu lassen. Seine physikalische Bibliothek. 1777, Bd. 8. S. 85.

Achard, Versuch zur Darstellung von Spath und Quarzkrystallen. — Rozier's Obs. s. la Phys. 1780. Bd. 15, S. 407—432. (Siehe Buchholz weiter unten.)

Grignon, Einige durch Feuer gewonnene Krystallisationen (Eisen, Messing u. s. w.) Mém. de phys. sur l'art de fabriquer le fer u. s. w. d. 1775, S. 475.

Saussure (Horace de), L'action de la nature est dans les mêmes circonstances la même que celle de l'art et comment pourroit-on supposer le contraire? Les loix générales du monde physique n'agissent-elles pas dans nos laboratoires de la même manière que dans les souterrains des montagnes. Voyage dans les Alpes 1780. §. 730.

Lena (Innoc. della), Disinganno delli errori presi e publicati da un Anonimo sul foglio d'intelligenza della Gazetta generale di letteratura che vi stampo in Berlino e che ha corso in molte altre città d'Alemagna. Dresden 1795. 8°· (40 S.) Allg. Lit. Zeit. 1793. N. 318, S. 431. (Gegen der Behauptung der Steine, Marmor u. s. w. Erzeugung.)

Leonardo da Vinci, Dobbiamo cominciare dall' esperienza e per mezzo di questa scoprirne le ragione. Queste è il methodo da osservarsi nella ricerca de fenomeni della natura. Essai s. les ouvres physico-math. de L. da Vinci durch Venturi 1797, S. 31 und Mem. storiche su la vita di L. d. V. v. Amoretti. Mailand 1804. S. 143.

Pissis, Über Incrustationen der Rauchfänge in Antimon-Schmelzöfen. Gehlen's N. allg. J. d. Chem. 1807. Bd. 3, H. 3, S. 328.

Leblanc, Cristallotechnie, künstl. Krystallerzeugung (Alaun, geschwefeltes Kupfer und Eisen). De la Metherie's J. d. Phys. 1802. Bd. 54, S. 50; Bd. 55, S. 300—314 — Bull. soc. Philomat. P. A. IX, S. 11.

Muthuon (J.), Decouverte de la manière dont se forment les crist. pierreux metalliq. non salins et de donner lieu à leur formation au moyen d'un appareil artificiel. Lyon 1815. 8°· Isis 1818. Hft. 7, S. 1156.

Hausmann (J. F. L.), Nützlichkeit der metallurgischen Beobachtungen für die geogenetischen Studien. Götting. gel. Anz. 10. Febr. 1816 Nr. 50, Schweigger's N. Jahrb. für Chemie und Physik. 1817. Bd. 19, S. 221—228. — Leonhard's Taschenb. für Mineralogie. 1817. Bd. 11, Th. 2, S. 559 bis 505. — Bibl. univ. Genève. Bd. 17, S. 134—141. — Interessant. Prismatisch gewordener, durch Eisen gefärbter, verglaster, geschmolzener Sandstein in Hochöfen, Kalkstein mit seinem kohlensaurem Gehalt u. s. w.

— Specimen crystallographiae metallurgiae. Götting. k. Ges. d. Wissensch. 17. Mai 1817. — Götting. gel. Anz. 1817. Nr. 101 und 102. — Comment. Soc. Goetting. f. 1816—1818. Bd. 4, S. 59—88. — Separat 1819 und auch 1820 in 4. Leonh. Taschenb. für Min. 1818, Bd. 12, Th. 2, S. 506—517. — Schweigg. Jahrb. für Chem. und Phys. 1819, Bd. 25, S. 201—211. — Moll's Jahrb. d. B. u. H. 1821, Bd. 4, S. 307—315. — Edinb. phil. J. 1821, Bd. 5, S. 155—164, 344—351. (Metallisch Krystall. von Eisen, Kupfer, Messing, arsenikh. Nickel, geschwefelt. Kupfer, Blei, Antimon, Zink- und Kupferoxyde, Arseniate, Graphit u. s. w.)

Mitscherlich (E.), Künstliche Erzeugung der Mineralien nach ihrer Zusammensetzung. Abh. d. k. Ak. d. Wiss. zu Berlin f. 1822—1823. Phys. Cl. 1825, Bd. 9. (N. F. Bd. 7), S. 24—41 (3 Th. seiner Abh. üb. d. Form, Verhalten u. chem. Proport. d. Krystalle). — Gilb. Ann. Phys. 1823, Bd. 73. — Ann. de Chimie. P. 1823, Bd. 24, S. 355—376. — Ann. d. Mines 1824, Bd. 9, S. 176—181. — Berzelius, Jahresber. deutsch. Üb. 1825, Bd. 4, S. 140. — Zeitschr. f. Min. 1826, Bd. 1, S. 74. — Ann. of Philos. 1824, Bd. 8, S. 467. — Edinb. J. of sc. 1824, Bd. 1, S. 375; 1825, Bd. 2, S. 129. — Boston, J. of Philos. 1825, Bd. 2, S. 393. — Giorn. di fisica Pav. 1824, 2. Dec. Bd. 7, bim. 2, Th. 1. — Antologia Florence, 1824, Bd. 15, Th. 2, S. 188. Höchst interessant. 40 Proben, Glimmer, Eisen Silicate, Bi- und Trisilicate u. s. w. Wirkung d. ehemalig. Druckes durch das Meer, der Gazarten u. s. w.

Koch (Friedr.), Beiträge zur Kenntniss krystallinischer Hüttenproducte. Göttingen 1823, 8°, 2 Taf. Ann. d. Min. 1824, Bd. 9, S. 303. — Ferussac's Bull. univ. 1824, Bd. 1, S. 129. — Edinb. phil. J. 1824, Bd. 11, S. 250 bis 255. (Schwarz. Eisenoxyd, Eisenoxydul, Zinkoxyd, Galmei, Chlornatron, kieselige Emaillen.)

Hollunder, Künstl. Min. in Eisen- und Zinkhütten Oberschlesiens und Polens (metallisch. Titaneisen u. s. w.) — Kastner's Arch. f. ges. Naturk. 1827, Bd. 12, S. 385—392.

Hunefeld und Picht, Rügen's metallische Denkmäler der Vorzeit, vorzugsweise chemisch bearbeitet. Leipzig, 1827.

Bredsdorf (J. H.), Slagelse Mineralgeskie Bidrag. Kopenhag. 1832. 8°.

Miller (W. H.), Krystalle in Schlacken (dem Olivin nahe), Trans. phil. Soc. Cambridge 1830, Bd. 3, Th. 3, S. 417.

Draper (John W.), Chem. Untersuch. d. Medaill. u. Münzen, Americ. J. of Sc.
1835, Bd. 29, S. 157—160. — Bibl. univ. Genève 1836, N. R. Bd. 1,
S. 370—374.
Hausmann (J. F. L.), Commental. de usu experientiae. metallurgicae. ad disquisitiones geologicas adjuvandas. Gotting. gel. Anz. 1836 (37 S.), 1837,
N. 6—9, S. 50—87. — Commental. Soc. reg. sc. Gotting. f. 1832—1837,
Bd. 8, S. 137—170, separat 1838, 4°· — Leonh. N. Jahrb. f. Min. 1837,
S. 574—594. — Bull. Soc. geol. Tr. 1836, Bd. 8, S. 181—185. — Edinb.
n. phil. J. 1837, Bd. 23, S. 326—330; 1838, Bd. 24, S. 65—85.
Mitscherlich, K. Erz. Min., Amtl. Ber. d. Vers. Naturf. u. A. Deutschl. 1836,
Jena. — N. Jahrb. f. Min. 1837, S. 248. — Bibl. univ. Genève, 1837,
Bd. 10, S. 421. Magnet. Eisenst., Blende, Augit, Olivin, 1 Axig. Glimmer,
Feldspath.
Neef, dito durch H. Crosse erzeugte Min. dito N. Jahrb. f. Min. 1837, S. 248.
Whewell, Bericht über diesen Gegenstand. Rep. 1th., 2ds. Meet. brit. Assoc.
1831—1832, 1833, S. 374 u. 370. — Proceed. geol. Soc. London 1836, Bd. 2.
— Phil. mag. 1836, Bd. 9, S. 537—540.
Gaudin, Künstl. erz. Kryst. von unlösbaren Materien. Juli 1837. C. R. Ac. Sc.
P. 1837, Bd. 5, S. 72—74. — L'Institut 1837, S. 245. — Pogg. Ann.
Phys. 1838, Bd. 43, S. 414—416. — Ann. d. Min. 1838, 3 R. Bd. 13,
S. 402. — Edinb. n. phil. J. 1838, Bd. 24, S. 179—181. — N. Jahrb. f.
Min. 1837, S. 455. (Kalkspath, Arragon, schwefel- und kohlens. Baryt,
Schwefelzinn.
Pailette, Künstl. erz. Mineralien in den Erzgängen.
Hess (G.), Einige pyrogene Producte. Mém. Ac. Sc. St. Pétersb. 1838, 6 R.
Math.-Phys. Class. 1838, Bd. 1.
Crosse (Andr.), Report 6th Meet. brit. Assoc. 1836. — N. Jahrb. f. Min. 1839,
S. 194—195. — Erdm. J. f. pr. Chem. 1837, Bd. 14, S. 310. — Lond.
Electrical Soc. Transact. 1838, N. 2.
Noeggerath, Künstl. Erz. Min. (Augite.) Amtl. Ber. deutsch. Naturf. Vers.
Pyrmont 1839. — Isis, 1840, S. 884 u. 895.
Bronn (H.), Katalog d. künstl. Erz. Min. Geschichte d. Natur. 1841, Bd. 1,
S. 100—114, 129—131.
Gaudin, Untersuchungen über kieselige und thonartige Steine und Mineralien.
Ac. d. Sc. P. 24. Mai 1841. Echo du monde Savant. 1841, Bd. 1, S. 207.
Laube, Einfluss der Chemie auf die Geologie. Amtl. Ber. deutsch. Naturf. Vers.
Mainz 1842, S. 132. — N. Jahrb. f. Min. 1843, S. 143.
Wiser (D. F.), Metallurg. Product. im Hochofen zu Plon (Sarguns.) —
N. Jahrb. f. Min. 1843, S. 461—464.
Mitscherlich, Künstl. Min. u. Felsarten, interessant f. d. Metamorphismus der
Gesteine. C. R. Ac. Sc. P. 1844, Bd. 19, S. 025—026. (Blende, Eisenoxydul,
Feldspath, Olivin. Diopside.)
Genth (F. A.), Producte d. Kupferhütte zu Reichelsdorf (Hessen.) — Erdm.
J. f. prakt. Chem. 1846, Bd. 37, S. 193. — Ann. d. min. 1847, 4 R., Bd. 11.
S. 584—587. (Oktaëderschwefel, Arseniksäure, Realgar, Blende, Galena,
Eisen- und Kupferniederschläge.)

Leonhard, Taschenb. f. Fr. d. Geologie. 1846, S. 68—69.
Percy und Miller, In Schlacken und chem. Analysen. Brit. Assoc. Sept. 1846.
l'Institut 1847, S. 93.
Hausmann (J. F. L.), Über metallurg. Krystallisa'. Abh. d. k. Ges. d. Wiss.
Göttingen, Phys. Cl. f. 1848—1850, Bd. 4 (1850), S. 221—274. — Neue
Beiträge d. metallurgischen Krystallographie. Göttingen 1852, 4°. — Edinb.
n. phil. J. 1852, Bd. 52, S. 324. — Americ. J. of Sc. 1851, Bd. 12, S. 394.
Ebelmen, Methode auf trockenem Wege für unschmelzbare Materien vermittelst
Bor- und Phosphorsäure, alcalin. Borat. u. Phosphate. (C. R. Ac. d. Sc. P.
1848, Bd. 26, S. 12—16. (Quarz, Corund, Spinel u. Chrysoberil, vide infra.)
Rivière (A.), Classificirung der Mineralien und ihrer Epigenien. Bull. soc. géol.
Fr. 1846, N. F. Bd. 6, S. 190—196. (Blende, Galena, Kupfer- und Eisen-
erze u. s. w.)
Boué (A.), Mém Soc. géol. Fr. 1848, Bd. 3, Th. 1, S. 153 - 240.
Daubrée, Künstl. Erzeug. einiger Mineralien, vorzüglich Zinnoxyd, Titanoxyd
und Quarz. C. R. Ac. d. Sc. P. 1849, Bd. 29, S. 227—229. Apatite, Topas
und einige andere Fluor enth. Producte. dito 1850, Bd. 30, S. 383; 1851,
Bd. 32, S. 625—627. — Ann. d. Chem. u. Pharmac. 1851, Bd. 80, N. S.
Bd. 4, S. 205—223. — Bull. Soc. géol. Fr. 1850, N. F. Bd. 7, S. 267—270.
Sandberger (Fridol.), K. M. in Nassau. Schmelzhütte. Jahrb. d. Ver. f. Naturk.
im H. Nassau. 1851, Bd. 7, S. 131—139. — Zeitschr. deutsch. geol. Ges.
1852, Bd. 4, S. 694. — Americ. J. of Sc. 1854, Bd. 17, S. 128. — Edinb.
n. phil. J. 1854, Bd. 56, S. 374.
Gorini (P.), Rapporto letto nell' adunanza generale de Giorno 2 Maggio 1852
dal socio Dr. G. Susani relatore della Commissione incaricate di assistere
agli esperimenti eseguiti dal Prof. Gorini nella sale di Soc. Sc. Lettere ed
Arti in Milano 1852.
Richter (R.), Gangstudien Cotta's 1852, Bd. 2, S. 197—215.
Manross (N. S.), Experiments on the artificial production of crystallized mine-
rals Gotting. 1852, 8°. — Ann. d. Chem. u. Pharmac. 1852, Bd. 82, N. R.
Bd. 6, S. 348—362. — Erdm. J. f. piakt. Chem. 1853, Bd. 58. N. R. Bd 7.
S. 55—57. — Americ. J. of Sc. 1853, Bd. 16, S. 186—189.
Künstl. erzeug. Min. nach Hausmann, Ebelmen, Senarmont und Bec-
querel. Edinb. n. phil. J. 1852, Bd. 52, S. 324—338. — Ann. d. Chem. u.
Pharmac. 1852, Bd. 84, N. R. Bd. 8, S. 199—203.
Becquerel, Langsame Krystallisirung zwischen Dichtem und Flüssigem. 1852.
(Vide infra.)
Drevermann (A.), Ann. d. Chem. u. Pharmac. 1853, Bd. 87, N. R. Bd. 11.
S. 120—123. — Phil. Mag. 1853, 4. R. Bd. 6, S. 453. — Quart. J. geol.
Soc. L. 1853, Bd. 9. Auszüge S. 29. — Edinb. n. phil. J. 1854. Bd. 56.
S. 176—178. — Pogg. Ann. d. Phys. 1853, Bd. 88, S. 120. (Durch Aus-
dampfung und Erkalten.)
Daubrée, Edinb. n. phil. J. 1854, Bd. 57, S. 292—300. — Phil. mag. 1854, 4. R.,
Bd. 9, S. 315.
Favre (Alph.), Künstl. erzeug. Min. u. ihre Bildungsart. Bibl. univ. Genève
Archives 1856, 4. R., Bd. 31, S. 136—150. — N. Jahrb. f. Min.
(Boué.)

1856, S. 431—432. — Bull. Soc. géol. Fr. 1856, Bd. 13, S. 307—319.
Interessant.

Leonhard (Karl Cäs. v.), Hüttenerzeugnisse und andere auf künstlichem Wege gebildete Mineralien, so wie verschiedene chem. Verbindungen, als Stützpunkte geol. Hypothesen. N. J. f. M. 1855, S. 129—151 u. als selbstst. Werk. Stuttgart 1858, 3 Hft. 8°. 2 lith. Taf. u. Holzsch. (Höchst interessantes Compendium.)

Hermann (R.), Wachsthum der Mineralien u. ihre künstl. Bildung. Bull. Soc. Imp. Natural. de Moscou. 1857, Bd. 30, Nr. 2, S. 545. — Erdm. J. f. prakt. Chem. 1857, Bd. 72, S. 25—28.

Crosse (Andreas), 200 Spielart. d. künstl. erz. Mineral. Crosse's Scientific a. literary Memorials, 1857, 8°. Geologist. L. 1858, Bd. 1, S. 40.

Buist, Krystallisationen im Stuckarbeiten. (Quart. J. geol. Soc. Sc. 1857, Bd. 13, S. 11.)

Bauer (Dr. Alex.), Über die künstl. Darstellung von Mineralien. Verh. d. Vers. f. Naturk. in Pressburg 1856. Abh. S. 33—36 u. Separat 1858. 8°.

Genth (Fr. A.), Metallurgische Beob. Soc. geol. London 23. Juni 1858. — Phil. Mag. 1858, 4 R., Bd. 16, S. 420—426.

Gurlt (Dr. Adolph), Übersicht der pyrogenetischen künstlichen Mineralien, namentlich der krystallisirten Hüttenerzeugnisse. Freiberg 1857. 8°. — Franz. Übers. v. Dewalque. Revue des minéraux artificiels pyrogènes et particulierement des produits d'usine cristallisés. Liège 1858. 8°. — Verh. naturforsch. Vers. d. Preuss. Rheinl. 1859. Bd. 16, Sitzb. S. 54. — Bergu. Hüttenm. Zeitsch. 1856, S. 424.

Ste.-Claire-Deville (H.) und **Caron** (H.), Neue Art d. Darstellung einer gewissen Anzahl von chemischen u. mineralog. Gattungen als Krystalle. C. R. Ac. d. Sc. P. 1858, Bd. 46, S. 764—768. — L'Institut 1858, S. 133—134. — N. Jahrb. f. Min. 1858. S. 578—580. — Erdm. J. f. prakt. Chem. 1857, Bd. 74. S. 157—161. — Geologist. L. 1858, Bd. 1, S. 485—488. — Americ. J. of Sc. 1861, N. R. Bd. 32, S. 415. — Canadian J. 1858, Nov. N. R. Nr. 18. S. 54, auch später C. R. A. d. Sc. P. 1861, Bd. 53, S. 1304—1308. Siehe Willemit

Fournet (J.), Beob. über den Missbrauch der chemischen Experimente für geogenetische Erklärungen. C. R. A. d. Sc. P. 1861, Bd. 53, S. 82—85. — Revue univers. de Liège 1861, Livr. 6, art. 11. Interessant.

Hauer (Franz v.), Jahrb. k. geol. Reichsanst. Wien 1861—1862, Bd. 12, Sitzb. S. 10.

Rammelsberg (C.), Zinkhütte zu Schlaggenwald. Pogg. Ann. Phys. 1863, Bd. 120, S. 54—66.

Künstliche Erzeugung der Mineralien auf nassem Wege.

Fuchs (Nepom.). Glasige Materie. Denkschr. d. k. Ak. d. Wiss. München 1825, Bd. 9, S. 74.

Turner (Edw.), Wässer. Bildung von als unlösbar gedachten Materien. Edinb. n. phil. J. 1835, Bd. 15, S. 249—255.

Kuhlmann (Friedr.), Kalium u. Natron-Rolle in der Bildung der hydraulischen Kalkcemente und überhaupt über auf nassem Wege hervorgebrachte Mineralien. C. R. A. d. Sc. P. 1841, Bd. 12, S. 853—855. — Ann. de Chim. et Phys. 1847, Bd. 21, S. 364—373. — Erdm. J. f. pract. Chem. 1847, Bd. 42, S. 436—440. — Ann. d. Chem. u. Pharmac. 1842, Bd. 41, S. 220—236. — N. Jahrb. f. Min. 1844, S. 212—217.

Bischof (G.), Chemisch-physikal. Geologie. 1847, 2 Bd. 8°.

Becquerel, Chemische Wirkungen durch Berührung von Dichtem und Flüssigem C. R. Ac. d. Sc. P. 1852, Bd. 34, S. 473—578. — L'Institut 1852, S. 121. (Wirkung verschiedener alkalischer oder metallischer Auflösungen auf Kalk, Gips, neutral. phosphors. Kalk, Bleicarbonat, Malachite, Brochantite u. s. w.)

Rose (H.), Verwandlung der alkalinischen Sulfate in metallische Chlorarten. Pogg. Ann. Phys. 1852, Bd. 85, S. 443—448.

Vohl (H.), Ann. d. Chem. u. Pharmac. 1853, Bd. 88, N. F., Bd. 12. S. 114 bis 117.

Drevermann (A.), dito 1854, Bd: 89, N. F. Bd. 13, S. 11—41 u. vide supra. — Erdm. J. f. prakt. Chem. 1854, Bd. 61, N. R. Bd. 10, S. 439.

Rose (H.), Zerlegung unlösbarer Salze vermittelst Lösung von lösbarem Salze, Zerlegung des Schwefelbaryts durch alkalinische Carbonate im trockenen Wege. Pogg. Ann. Phys. 1855, Bd. 95, S. 69—100.

Damour (A.), Für erdige Hydrat-Carbonate und metallische Oxyde. J. f. prakt. Chem. Erdm. 1857, Bd. 70, S. 375—376.

Kuhlmann (Fr.), Bildung des hydraulischen Cements, künstl. Steine und Felsarten. C. R. A. d. Sc. P. 1856, Bd. 42. — Ann. d. Mines. 1858, 5 R., Bd. 13, S. 200—225. — Geologist 1858, Bd. 1, S. 71.

Hausmann (Fr.), Über durch Mineralwässer gebildete Mineralien bei den Basalten in der Werra- und Fuldagegend. Göttingen 1858, 4°. (Siehe auch Delesse's versch. Schriften.)

Wirkung schwacher Solutionsmittel auf Kalksteine.

Bischof (G.), Verh. d. Niederrhein. Ges. 1855, 12. April. N. Jahrb. f. Min. 1855, S. 838.

Wirkung eines mit Kohlensäure gesättigten Wassers auf Kalkcarbonat und Phosphate. C. R. Ac. d. Sc. P. 1846, Bd. 23, S. 1019.

Wirkung des Meerwassers auf Gusseisen.

Hachette, J. roy. Instit. I., 182, Bd. 12, S. 407. — Ann. d. mines. 1822, Bd. 7, S. 113.

Bildung künstl. Krystalle von unlösbaren Materien.

Gaudin, L'Institut 1837, S. 245. — N. J. f. Min. 1837, S. 455. (Kalkspath, Schwefel und lösbarer Baryt, geschwefelte Eisen u. s. w.) (Vide supra Turner.)

Auf nassem Wege mittelst Wässer und einer hohen Temperatur.

Dana, Bildung der Phosphate, Silicate, Aluminate und anderer Mineralien. Americ. J. of Sc. 1844, Juli Bd. 47. — Bibl. univ. Genève 1845. N. F. Bd. 56, S. 170—172.

Senarmont (H. de), Bildung des Magnesia-Carbonat, Eisen, Mangan, Zink und Kobalt protoxide u. oxide C. R. Ac. d. Sc. P. 1849, Bd. 28. S. 693—695. — L'Institut 1849, S. 177 und 203. — Ann. d. Chem. et Phys. 1849, Bd. 30, S. 129—146. — Edin. a. phil. J. 1852, Bd. 52, S. 326—328. — Phil. mag. 1849, 3 F., Bd. 34, S. 545—546. — Americ. J. of Sc. 1849, Bd. 8, S. 421. — Erdm., J. f. prakt. Chem. 1850, Bd. 51, S. 385—395. — N. Jahrb. f. Min. 1849, S. 705—706. — Berg- u. Hüttenm. Zeitschr. 1851, S. 178—183, 197—199. — Einwendung. Regnault, C. R. Ac. Sc. P. 1849, Bd. 28, S. 695—696.

Senarmont (H. de), Bildung der schaligen Mineralien in Erzgängen. C. R. Ac. d. Sc. P. 1851, Bd. 32, S. 409—413. — L'Institut 1851, S. 59—98. — Ann. d. Chem. et Phys. 1851, Bd. 32, S. 129—175. — N. Jahrb. f. Min. 1851, S. 596—597. — Edinb. n. phil. J. 185 4, Bd. 57, S. 344—347.

Davy (J.), 1850. (Siehe Kalkspath.)

Sorby (H. C.), Verlängerte Wirkung der Hitze und des Wassers auf mehrere Salze und Mineralien, Hervorbringung von Pseudomorphosen.

Jacquelain (V. A.), Wirkung der Wasserdämpfe unter verschiedenem Drucke und Temperatur für kohlensaures Kali, Natron, Baryt, Kalk, Talkerde, Blei und Silber. Ann. d. Chem. et Phys. 1851, Bd. 32, S. 195—215.

Reynoso (A.), Wirkung des Wassers unter Druck und hoher Hitze auf Pyro- und Metaphosphate, Cyanure u. s. w. Erdm. J. f. prakt. Chem. 1852, Bd. 56. N. F. Bd. 5, S. 477—482. — L'Institut 1852, S. 162—163.

Daubrée, Durch hohe Hitze und Wasser sammt metall. Dämpfe. 1850. (Siehe im Allgemeinen.)

Auf nassem Wege mit Hitze und Druck im Dampfkessel.

Paris (Dr.), Auf nassem Wege mit Druck und Hitze, Bildung eines gneiss- ähnlichen Steines in einem Dampfkessel zu Huel Alfred. Trans. geol. Soc. of Cornw. 1826, Bd. 1, S. 227. — Quart. J. of Sc. L. 1829, Bd. 6, S. 170.

Richard (Eduard). Schaliger Kalkstein im Cylinder und unter dem Kolben einer Dampfmaschine. (Bull. Soc. géol. F. 1840, Bd. 11, S. 228. — N. J. f. Min. 1841, S. 805—806.)

Nöggerath, Kalksteinbildung. Karsten's Arch. f. Min. 1840, Bd. 14, S. 585 bis 590.

Davy (John). Brit. Associat. Edinburgh 1850. — Edinb. n. phil J. 1850, Bd. 49, S. 340—353. — L'Institut 1850, S. 340.

Couste, Erdm. J. f. prakt. Chem. 1852, Bd. 57. N. F. Bd. 6, S. 242—244.

Marquart, Verh. Naturf. Vers. Preuss. Rheinl. 1858, Bd. 15, Sitz. Art. 19.

Dechen (H. v.), Sandsteinbildung. (dito 1860, Bd. 17, Sitz. S. 115.)

Electrochemische künstliche Wirkung.

Ritter, Elektrochemische künstl. Wirkung. (Galvan. Wege.) Verschiedene Erze. Gehlen's n. allg. J. d. Chem., Phys. u. Min. 1805, Bd. 3, S. 561—563. — Moll's Ephemerid. d. B. u. H. 1806, Bd. 2, S. 571.

Schneider, Umwandlung von Metalloxyde und Salze. Tasch. f. Min. 1814, Bd. 8, Th. 1, S. 308.

Davy (John), Verwandlung. in gewissen metallisch. Mischung. d. Kupfers. Lond. roy. Soc. 1825, 17. Nov. Lond. phil. Trans. 1826, Th. 1 u. 2, Abh. 3. — Ann. of philos. 1825, Bd. 26, S. 465—466. — Zeitschr. f. Min. 1827, Bd. 2, S. 483. — Pogg. Ann. Phys. 1826, Bd. 8², N. R. Bd. 6, S. 514. Kupferoxydul in Bronze u. s. w.

Hausmann (Fr.), Malachit und Kupferoxydul in alten Münzen von 1609—1622. Götting. Gel. Anz. 1829, N. 201. — Ferussac's Bull. univ. 1830, Bd. 20, S. 87. — Leonh. Tasch. f. Fr. d. Geol. 1845, S. 40.

Schmidt, Beiträge zur Lehre von den Gängen. Siegen 1827, Zeitschr. f. Min. 1828, S. 408 u. 413.

Becquerel, Bildung d. Schwefel-, Jod- und Brom-Metalle. Ac. d. Sc. P. 1829, 26. Oct. u. 23. Nov. — Ann. d. Chim. et Phys. 1829, Bd. 42, S. 225. Bd. 43, S. 131. — Ferussac's Bull. univ. 1830, Bd. 20, S. 419—421, Bd, 21, S. 250. — Ann. d. Sc. Nat. 1829, Bd. 17, S. 92—97. — Ann. d. Sc. d'observat. 1830, Bd. 3, S. 148 u. 460. — Bibl. univ. Genève 1829, Aug. Bd. 41. — Le Globe 1829, Bd. 7, Nr. 96, S. 763. — Ann. d. Min. 1830, Bd. 7, S. 393—422. — Phil. mag. 1830, Bd. 7, S. 226—228. — Edinb. n. phil. J. 1827, Bd. 7, S. 354 u. 356. — Americ. J. of Sc. 1830, Bd. 18, S. 153. — Pogg. An. Phys. 1829, Bd. 92, S. 306; 1840, Bd. 94, S. 143 bis 152. — Jahrb. f. Min. 1830, S. 496—497. — Froriep's Notiz. 1830, Bd. 26, S. 83—85. — Schweigg. Jahrb. d. Chem. u. Phys. 1830, Bd. 58, S. 439 bis 454. Schwefel, schwefels. Kalk, schwefels. Baryt, kohlens. Kali u. Blei. dopp. Kupfer- und Kalicarbonat.

— Zerlegung und Reduction d. Eisenoxyd, Zircon, Magnesia. Ann. de Chim. et Phys. 1831, Bd. 48, S. 337; 1832, Bd. 49, S. 131.

— Einige metallische Oxyde. Ann. de Chim. et Pys. 1832, Bd. 51, S. 101. — Schweigg. Jahrb. d. Chem. u. Phys. 1832, Bd. 66, S. 401—406. — S. Traité de l'Electricité. 1835, Bd. 3, S. 298.

— Schwefelblei. Ann. de Chim. et Phys. 1833, Bd. 53, S. 105. — Phil. mag. 1834, Bd. 4, S. 368. — Bull. Soc. geol. Fr. 1834, Bd. 5, S. 89—90. — Pogg. Ann. Phys. 1834. N. F. Bd. 31, S. 46. — Americ. J. of Sc. 1835, Bd. 28, S. 291—292.

— Malachite. C. R. Ac. d. Sc. P. 1835, Bd. 1, S. 19. — Pogg. Ann. Phys. 1836, S. 37, S. 239

Laugier (Ed.) und Kramer (A. de), Einfluss organischer Mater. Acad. d. Sc. P. — Ann. d. Sc. d'observat. 1830, Bd. 4, S. 150.

Moor, Aus Bleioxyd u. Chlor bestehende Masse. Rep. brit. Assoc. 1835, in Dublin. — Edinb. a. phil. J. 1835, Bd. 19, S. 399. — N. J. f. Min. 1836, S. 506.

Aimé, Bull. Soc. geol. Tr. 1836, Bd, 6, S. 305—307.

Crosse (A.), Verschiedenes. Brit. Associat. 1836. Bristol. — Edinb. n. phil. J. 1846, Bd. 21, S. 361. — Americ. J. of Sc. 1837, Bd. 31, S. 374—375. — N. Jahrb f. Min. 1837, S. 124. — C. R. Ac. d. Sc. P, 1837, Bd. 4, S. 882 bis 883. (Schwefelblei, Kupfer und Zink, Eisenperoxyd, Gold als Dendrit.)

Becquerel, Anwendung der elektrischen Kräfte auf Geologie und physiolog. Phenomene. Bibl. univ. Genève 1836, N. F. Bd. 1, S. 1—13 u. 197—210.
— Versch. Untersuch. übers. in Taylor's Scientific. Memoirs. 1842, Th. 3, Abh. 0.
Fox, Edinb. n. phil. J. 1837, Bd. 22, S. 402—403. — Samt Crosse's Beob. Bull. univ. Genève 1836, Bd. 6, S. 407—408. — Phil. mag. 1837, 3. T. Bd. 6. — Bibl. univ. Genève 1837, Bd. 9, S. 198—199. Kupferkies.
Golding-Bird, Proceed. roy. Soc. L. 1837. Febr. — Bibl. univ. Genève 1837. Bd. 12, S. 416—418. Metallreduction, Kupfer, Wismuth, Blei- und Silberkrystalle.
Schoenbein, Wirkung des Eisenoxydes. Phil. mag. 1837, Bd. 10, S. 425—430.
Paillette, Mehrere Mineral Species. C. R. Ac. d. Sc. P. 1837, Bd. 5, S. 88 bis 92.
Becquerel, Metallische Schwefelverbindung durch Elektrochemie und Anwendung in der Cementation u. s. w. C. R. Ac. d. Sc. P. 1839, Bd. 8, S. 784 bis 787. — L'Institut 1839, Bd. 7, S. 169—170. — N. Jahrb. f. Min. 1840, S. 107—108.
Smee (Alfred), Elements of Electro-metallurgy, L. 1842.
Becquerel, Elements d'Electro-Chimie appliquée aux sciences naturelles et aux arts. P. 1844, 8°, auch Physique en rapport avec la chimie et les Sciences naturelles 1844, 2 Bd. 8°.
Napier (T.), Zerlegung metall. Salze. Phil. mag. 1845, 3 F. Bd. 26, S. 211—217.
Hunt (Rob.), Mem. Geol. Survey of Great Britain. 1846, Bd. 1, Abh. 4 und 1848, Bd. 2, Th. 2, S. 631—634.
Gassiot, Änderung der Demantform durch die Volta'sche Säule. L'Institut 1850, S. 327. — Americ. J. of Sc. 1850, Bd. 10, S. 404.
Becquerel, Mehrere Mineralien, Kalkspath, kohlens. Blei, schwarz. Schwefelkupfer, basisches Chlorurblei, schwefelsaures Blei (Oktaëder), chlorschwefels. Blei, Chlorblei, Chlornatronwürfel, Oktaëder u. Cubooktaëder. C. R. Ac. d. Sc. P. 1852, Bd. 34, S. 29—33. — L'Institut 1852, S. 27 bis 28. — Bibl. univ. Genève 1852, Archiv Bd. 19, S. 219—221. — Phil. mag. 1852, 4. F. Bd. 3, S. 235—238. — Edinb. n. phil. J. 1852, Bd. 52, S. 330 bis 333.
— Doppelte Zerlegung, langsame elektrische Wirkung zwischen Dichtem und Flüssigem. C. R. Ac. d. Sc. P. 1853, Bd. 36, S. 209—213. — Mém. Ac. d. Sc. Institut de Fr. P. 1853, Bd. 23, S. 367—377. — L'Institut 1853, S. 40—42. Kieselerde, Quarz, Kalisilicat, schwefels. Kalk, Kalkspath, kohlens. Kali, doppelkohlens. Kupfer u. Natron, Malachite, Doppelkalk u. Natroncarbonat, Bibasisch. Kalk u. Ammoniaksarseniat u. s. w.
— (dito) C. R. Ac. d. Sc. P. 1856, Bd. 43, S. 1107. — L'Institut 1856, S. 433—435. — Geologist. 1859, Bd. 1, S. 31—33.
Vogl, Secundäre Bildung Joachimsthaler Gänge. Jahrb. k. k. geol. Reichsanst. 1856, Bd. 7, S. 837.
Guies (E. L.), Recherches géogeniques. Mamers 1856, 8°.
Reuss (A. Em.), In böhmischen Gängen. Sitzber. k. Ak. Wiss. W. 1856, Bd. 22, S. 120—138, 138—210.

Reuss (A. Em.), Chemische Umwandlung in Celtischen Alterthümern aus Bronze in Böhmen. Sitzber. k. böhm. Ges. d. Wiss. in Prag. Sect. Naturw. u. Math. 1860, 27. Febr. — N. Jahrb. f. Min. 1860, S. 812—816.

Fritsch (K. v.), Über die Mitwirkung elektrischer Ströme bei der Bildung einiger Mineralien. Diss. inaug. Goetting. 1862, 8. N. Jahrb. f. Min. 1862, S. 730—731.

Künstliche Erzeugung auf trockenem Wege.

Grignon, Mémoires s. d. cristallisat. metalliq. pyriteuses et vitreuses artificielles formées par le moyen du feu. P. 1757.

Pissis, 1807. (Vide supra.)

Vauquelin, Im Eisen-Flammenofen. J. d. Min. 1806, N. 119, Bd. 20, S. 301.

Bouesnel, Im Hochofen. J. d. Mines 1811, N. 169, Bd. 29, S. 35—50.

— Sublimationen während der Ziegelverbrennung zu London. Ann. of phil. J. 1815, Bd. 6, S. 304—305.

Brødberg, k. Vetersk. Academ. Handlingar f. 1822, S. 28.

Hausmann, 1816.

Mitscherlich, 1822.

Koch, 1824. (Vide supra.)

Berthier, Alculin. Product. Hochofen Cheneau zu Speyer. Ann. d. Mines 1824, Bd. 9, S. 249. Eisenoxydul, Eisenglimmer, oktaëdrisches Silber, cubook. taëdr. Galena und Bleiglätte in vesuvianischer Lava. Edinb. phil. J. 1825, Bd. 13, S. 352. — Ferussac's Bull. univ. Sc. nat. 1826, Bd. 8, S. 37.

Safström, Tern kontorets Aanaler 1823, Bd. 6, S. 72.

Starback, dito 1826, Bd. 4, S. 72.

Vauquelin, Weisse fibröse Materie auf geschmolzenem Eisen. Ann. de Chim. et Phys. 1826, Bd. 31, S. 332.

Karsten, Hitzeeinfluss auf die Natur der Producte der Eisenhochöfen. Archiv f. Bergb. 1826, Bd. 13, S. 211—231.

Holunder, 1823. (Vide supra.)

Zinken, Titanium, Silicium, Antimonoxyd, rothes Bleioxyd, krystallin. Form d. geschmolzenen Eisens, rother Mangansilicat, Zinkoxyd und gediegenes Blei in Hochöfen. Erdm. J. techn. Chem. 1828, Bd. 1, S. 112 u. Bd. 2, S. 393.

Miller, 1830.

Bredsdorf, 1832. (Vide supra.)

Berthier (P.), Essais par la vive seche. P. 1834, 8°. — Producte des Hochofens zu Pions. Ann. d. Min. 1834, Bd. 6, S. 467—470.

Dufrenoy (P. A.), Eisen, Thon und Potaschenhydrat Trisulfat. Ann. de Chim. et Phys. 1835, Bd. 60, S. 434.

Hausmann, Mitscherlich 1836 u. 1844, Whewell 1836, Hess 1838, Noeggerath 1839, Wiser 1843, Leonhard u. Percy sammt Miller 1846. (Vide supra.)

Scacchi, Veränderung durch Lava im Jahre 1794. Collezione Vesuviana des Duca della Torre. 1845. Leonh. Hütt. Prod. S. 27 u. 20.

Ebelmen, Neue Methode der trockenen Erzeugung krystallinischer Körper und ihre Anwendung zur Erzeugung der Mineralspecies. C. R. Ac. d. Sc. P.

1847, Bd. 25, S. 279, 661—664. — Beudant's Referat 1848, Bd. 26, S. 12
bis 16. — L'Institut 1847, S. 361, 1848, S. 1—2 u. 731. — Ann. de Chim.
et Phys. 1848, Bd. 22, S. 211—244. — Annuaire de Chimie. 1848, S. 141.
— Ann. d. Min. 1852, 8 F., Bd. 2, S. 335—381. — Erdm. J. f. prakt. Chem.
1848, Bd. 43, S. 472—498. — Berg- u. Hüttenm. Zeitschr. 1848, N. 42. —
Phil. mag. L. 1848, Bd. 32, S. 312. — Edinb. n. phil. J. 1848, Bd. 44,
S. 311—316. — Quart J. geol. Soc. L. 1848, Bd. 4. Anniv. Adress.
S. CXV—CXVIII. — Americ. J. of Sc. 1849. N. F. Bd. 7, S. 427. — Übers.
Gornoi J. 1849, N. 5, Bd. 2, S. 285—315. Corund, Spinel, Chromeisen,
Substitution. Gesetz geprüft.
— Ann. de Chim. et Phys. 1850, Bd. 30, S. 129; 1851, Bd. 32, S. 129.

Schnabel, Krystall. Schlacke, Hochofen d. Sayner Hütte. Verh. naturhist. Ver.
Preuss. Rheinl. 1851, Bd. 8, S. 514—517.

Lossen (C.), Schlackenbildung. dito S. 509—513.

Noeggerath, dito S. 573.

Plattner, K. Kryst. d. Hütten. Bergmän. Ver. Freibergs. 1851, 15. April. —
Berg- u. Hüttenm. Zeitschr. 1852, S. 374.

Sandberger (F.), 1851. (Vide supra.)

Durocher, Mineral. d. Erzgänge. C. R. Ac. d. Sc. P. 1851, Bd. 32, S. 823 bis
826. — N. Jahrb. f. Min. 1851, S. 706—708.

Ebelmen, Künstl. erz. Mineralien. 2. u. 3. Abh. Saure u. alkalinische Schmelz-
stoffe. C. R. Ac. d. Sc. P. 1851, Bd. 32, S. 330—333 u. 710—713, Bd. 33,
S. 525—529, 625—629. — Mémoir. présent. par div. Savans. Ac. d. Sc. P.
1852, Bd. 13, S. 510—541. — L'Institut 1851, S. 73—74 u. 369. — Ann. de
Chim. et Phys. 1851, Bd. 33, S. 34—75. — Ann. d. Min. 1853, 6 F., Bd. 4,
S. 173—188. — Erdm. J. f. prakt. Chem. 1851, Bd. 54, S. 143. — N. Jahrb.
f. Min. 1851, S. 692—603. — Berg- u. Hüttenm. Zeitschr. 1852, S. 178
bis 182. — Phil. mag. 1851, 4 F. Bd. 2, S. 246—249. — Edinb. n. phil. J.
1852, Bd. 52, S. 324—326. — Americ. J. of Sc. 1851, Bd. 13, S. 110 u.
411—412. Talkspinel, Gahnit, Chrysoberil, Zioksilicat, Periclas, Pyro-
chlor, Perovskit, Chrysolith, Rutil, Tantalit, Kalktitanat u. s. w.

Schnabel, Hochofen B. Verh. naturhist. Ver. Preuss. Rheinl. 1852 — 1853,
Bd. 10, S. 457.

Hausmann, Kupferkies, Eisenoxydul und Silicat, Antimon, Nickelkrystalle.
Götting. gel. Anz. N. 12, S. 177. — N. Jahrb. f. Min. 1853, S. 177
bis 180

Durocher, Künstl. Erzeug. d. Hauptmineralien d. Erzlagerstätte auf trockenen
Wege. C. R. Ac. d. Sc. P. 1851, Bd. 32, S. 823—826. — N. Jahrb. f. Min.
1851, S. 706—708.

Richter, 1852. (Vide supra.)

Manross, 1852. (dito.) Zinken, Mägdesprunger Hochofenproducte. Quedlinburg
1853, 8°.

Bischof, Schlacken d. Mägdesprunger Hochofens. Zeitschr. deutsch. geol. Ges.
1853, Bd. 5, S. 609.

Plattner, Bergm. Ver. zu Freiberg 7. Nov. 1854. — Berg- u. Hüttenm. Zeitsch.
1851, S. 159.

Hausmann (F. L.), Stud. d. Götting. Ver. d. bergm. Fr. 1854, Bd. 6, Th. 3,
S. 323—424. — Edinb. n. phil. J. 1854, Bd. 57, S. 387. — Americ. J. of
Sc. 1854, Bd. 18, S. 421, Fig.
Carnall, Krystall. Schlacke von der Königshütte. Zeitschr. deutsch. geol. Ges.
1854, Bd. 6, S. 259.
Ulrich (Fr.), Hüttenproducte der Oker Hütte. Berg- u. Hüttenm. Zeitschr. 1854.
— N. Jahrb. f. Min. 1854, S. 314. — Vergleichung der Hüttenproducte mit
Mineralien am alten Mann, Rammelsberg u. der Neapolit. Solfatara. dito
1854, S. 790—791. Eisen u. Olivinkryst. dito 1856, S. 666.
Hausmann (J. F. L.), Gestaltveränderung im Dichten durch Molecularbewegung
in den Hüttenproducten. (Studien Götting. Ver. bergm. Fr. 1856, Bd. 7,
S. 14—64, 65—95.)
Cotta (B.), Eisenschlacken mit mikroskop. Kryst. aus der Bukowina. (Bergm.
Ver. zu Freiberg 1855, 30. Jün. Berg- u. Hüttenm. Zeitschr. 1855, S. 271.)
Leonhard (Carl Cäs. v.), Hüttenerzeugnisse und andere u. s. w. 1858. (Vide
supra.)
Gurlt (Dr. Adolf), Hüttenerzeugnisse. 1857. Vide supra. — Graphit, Blende,
Feldspath, Krystalle künstl. Erzeug. (Niederrh. Ges. f. Nat. u. Heilk., Berggeist. 1859, N. 33.)
Dechen (H. v.), Hüttenerzeugung. (Verh. naturhist. Ver. Preuss. Rheinl. 1856,
Bd. 13, S. 111.)
Calvert (F. C.), Incrustation in einem Windofen. (Rep. brit. Assoc. f. 1856,
1857. Mineral. Sect. S. 50.)
Miller (W. H.), Hochöfen kryst. Prod. (Phil. mag. 1858, 4. F. Bd. 16, S. 292
bis 295.)
Napier (J.), Metallische Niederschläge in Cupellöfen. (Quart. J. chem. Soc. L.
1858, Juli. Bd. 11, Th. 2, S. 168.)
Scheerer, Schlacken mit Krystallen im Jensbacher Hochofen, Tirol. (Bergm.
Ver. zu Freiberg 1859, 4. Oct. Berg- u. Hüttenm. Zeitschr. 1860, S. 9.)
Reuss (A.), Einige böhmische Hüttenprodukte. (Lotos 1860, Bd. 10, S. 42—44.
— N. Jahrb. f. Min. 1861, S. 70—81.)
Auch Delesse Abh. (Ann. d. Mines u. Bull. Soc. geol. de Fr.)
Oberflächeformen nach der Schmelzung. Rose (H.), Über das Spratzen des
Silbers. (Pogg. Ann. Phys. 1846, Bd. 68, S. 283—291.
Feuerproducte bei Feuerbrünsten. Schroeter (Joh. Sam.), Feuerbrunst des
Weimarischen Schlosses. (Scien. Journal f. Liebh. d. Steinr. 1777, Bd. 3,
S. 310—320.)
Sage (A. G.), Feuerbrunst des Odeon Schauspielhauses. P. (Delametherie's J.
d. Phys. 1899, B. 48. N. R. Bd. 5, S. 334—336.
Wagner, Moskau's Brand 1812. — Notiz über die Crichton'sche Mineraliensammlung. Moskau 1818, S. 80.)
Zimmermann (K. G.), Feuerbrunst Hamburgs. (N. Jahrb. f. Min. 1842, S. 704,
1843, S. 76—79. — Erdm. J. f. pract. Chem. 1843, Bd. 28, S. 317. —
Leuch's polytechn. Zeitung 1843.)
Leonhard (C. C. v.), Brand der Kunstmühle bei Heidelberg. Gediegenes Blei
u. s. w. Hüttenproducte. 1858, S. 344.)

Wirkung der Hitze. Vermehrung Phillipps (R.), Krystallisation des Kalkes.
(Ann. of philos. 1821, Bd. 4, S. 107. — Edinb. phil. J. 1821, Bd. 4, S. 444.
Mitscherlich 1823. Vide supra.)

Mallet (R.), Unter 212° F. Rep. brit. Assoc. 1838.

Delesse, Glasige Schmelzung der Felsarten. Bull. Soc. geol. Fr. 1847. N. S. Bd. 4,
S. 1380—1395. — C. R. Ac. d. Sc. 1847, Bd. 25, S. 545—547. — Bibl.
univ. Genève 1847, 4. F. Bd. 6, S. 97. Dichtigkeitverminderung.

Forbes (D.), Reaction zwischen Schwefelmetallen und metallische Silicate unter
hoher Temperatur. Brit. Assoc. 1855. — L'Institut 1855, S. 446. —
N. Jahrb. f. Min. 1856, S. 107.

Nasmyth, Report. brit. Assoc. Dublin. 1857. — Edinb. n. phil. J. 1857, Bd. 6,
S. 297. — Geologist 1858. Bd. 1, S. 406.

Harcourt, (Rever. W. Vernon.) in Hochofen Yorkshire. (Rep. brit. Assoc. f. 1860,
S. 175.

Sorby (H. C.), Wirkung der Hitze d. Wassers. Bull. Soc. geol Fr. 1860, Bd. 17,
S. 568—571.

Thompson (J.), Krystallisation. Phil. mag. 1862, 4. F. Bd. 24, S. 395.

Wirkung der Hitze auf Krystalle. Ausdehnung des Kalkspathkrystalles nach
der Diagonale mehr als auf der ihr rechtwinkeliger Richtung. Müller.
Kastner's Arch. f. Naturl. 1828, Bd. 13, S. 400.

Fresnel, Ferussacs Bull. Sc. math. 1824, Bd. 1, S. 100. — Pogg. Ann. Phys.
1824, Bd. 2. (A. R. Bd. 78), S. 109—110.

Mitscherlich (E.), Ann. d. Chim. et. Phys. 1824. Bd. 25, S. 108. — Ferussacs
Bull. Sc. nat. 1824, Bd. 2, S. 32. — Ann. d. Mines 1826, Bd. 12, S. 133. —
Pogg. Ann. Phys. 1824, Bd. 1 (A. R. Bd. 77), S. 125—127. — Leonh.
Taschenb. f. Min. 1824, Bd. 18, Th. 3, S. 726—727. — Edinb. J. of Sc.
1824, Bd. 1, S. 181. — Quart J. of Sc. L. 1824 Bd. 17, S. 157. — Ann. d.
Chim. et Phys. 1824 Bd. 26, S. 222 u. 1826 Bd. 32, S. 111. — Quart. J.
of Sc. L. 1825 Bd. 18, S. 173, 1826 Bd. 22, S. 108. — Zeitschr. f. Min.
1827, S. 522—524. — Pogg. Ann. d. Phys. 1827, Bd. 10 (A. R. Bd. 86),
S. 137—152, Taf. 2, Bd. 11, S. 323—332. — Ann. de Chim. et Phys. 1828.
Bd. 37, S. 202. — Ann. d. Mines 1828, 2 R., Bd. 3, S. 133—135. —
Ferussacs Bull. 1828, Bd. 14, S. 327—330.

— Amtl. Ber. Vers. deutsch. Naturf. Jena 1836. — N. Jahrbf. Min. 1837, S. 248.
— L'Institut. 1838, S. 58. — Ann. d. Min. 1839, 3 R., Bd. 15, S. 309—311,
Taf. 11. — Pogg. Ann. d. Phys. 1843, Bd. 58, S. 408. —Haidinger's Übers.
d. min. Forsch. in 1843, S. 128.

Meigs J. of Ac. Nat. Sc. Philadelph. 1855. N. R. Bd. 3, Th. 2, S. 105.

Bose (Gust.). (Siehe Arragon.)

Abkühlungs-Producte.

Panzner. Krystallisation des Eisenphosphates, Magnesiuborates und Bleiphos-
phates. Taschenb. f. Min. 1815, Bd. 9, S. 600. — Ann. d. Min. 1816, Bd. 1,
S. 446.

Bischof, Geschmolzener Basalt geschwind abgekühlt zerspringt mit Geräusch,
wenn angeschlagen. N. Jahrb. f. Min. 1844, S. 448.

Delesse, Grenze d. Abkühlungswirkung. 1847. N. Jahrb. f. Min. 1850, S. 316.
Sainte Claire-Deville (Ch.), Dichtigkeit Veränderung. L'Institut 1855, S. 114.
— Bibl. univ. Géneve 1855, 4 F., Bd. 28, S. 324 — 328. — Phil. mag. 1856, 4 F., Bd. 11, S. 144—146. — Pogg. Ann. Phys. 1855, Bd. 96, S. 618 —622. — N. Jahrb. f. Min. 1855, S. 454—455.
Zusammenziehung während dem Festwerden und der Krystallisation der geschmolzenen Massen. **Bischof** (Gust.), Experimente. N. Jahrb. f. Min. 1843, S. 1—54. — Haidinger's Übers. mineral. Forschung im J. 1843, S. 125. — Riviéres, Ann. Sc. geol. 1842, S. 301—302.
Reich, bei Berührung mit kaltem Wasser. Verh. bergm. Ver. zu Freiburg Dec. 1863. — Berg- u. Hüttenm. Zeitschr. 1864, S. 115.
Folge der Entglasung. **Hall** (Sir Jam.), Experimente über langsame Abkühlung für Laven, Trapparten u. s. w. Trans. roy. Soc. Edinb. 1789, Bd. 2. — dito 1799, Bd. 5, Th. 1, S. 43. — Nicholson's J. of nat. philos. 1800, Nr. 35 u. Nr. 39, S. 58—65. — Übers. Voigt's Magaz. f. Naturk. 1801, Bd. 2, S. 296. — Hoff's Magaz. f. d. gesammte Mineralogie. 1801, Bd. 1, S. 185 bis 209 u. 355. — Gilbert's Ann. Phys, 1801, Bd. 7, S. 385—425. — Trommsdorff's allg. Chem. Biblioth. 1799, Bd. 2, S. 32 —36. — J, d. Phys. 1790, Bd. 48. N. F. Bd. 5, S. 313—320; 1801, Bd. 52, S. 52—53. — Bibl. brit. Géneve 1799, Bd. 10, S. 62—76; Bd. 14, S. 45 —74, 127—152. — Von Delue opponirt. Bibl. brit. 1800, Bd. 15. S. 340 —351.
Watt (Greg.), f. Basalt. Lond. phil. Trans. 1804, Th. 2, S. 279. — Bibl. brit. Géneve 1805, Nr. 236, Bd. 30, S. 93—115, 197—210, 235—240, 289 bis 203. — J. de Phys. 1806, Bd. 62, S. 83—85. — Moll's Ephem. f. Berg- u. Hüttenm. 1807, Bd. 3, S. 327—336.
D'Artignes, f. Glas. Institut de Fr. 1804, 20. Mai. Ann. d. Chim. 1804. Bd. 50, S. 325 bis 342. — J. d. Phys. 1801, Bd. 59, S 1. Bd. 60, S. 94. — Orcilly's Ann. d. arts et manufactur 1805, Bd. 22, N. 62, S. 113—124, 4 Taf. — Gilbert's Ann. Phys. 1805, Bd. 21, S. 28—44, — Schweigger's N. J. f. Chem. u. Phys. 1811, Bd. 2, S. 112. — Moll's Ephem. f. d. Berg- u. Hütt. 1805, Bd. 1, S. 421—423. — Hall's Exp. bestätigt.
De Drée, Institut 1808, 28. März. Ann. du Mus. d. hist. nat. 1808, Bd. 11, S. 405 bis 437. — N. Bull. Soc. philomat. P. 1808 Mai, N. 8. — J. d. mines 1808, Bd. 24. — Bibl. brit. Genéve. 1808 Bd. 38, S. 3—30. — Moll's N. Jahrb. d. B. u. Hütt. 1809, Bd. 1, S. 249—254. — Giornale di fisic. chemica zu Pavia 1808, 4 bimest, S. 332—427.
Fleuriau de Bellevue, J. d. Phys. 1805, Bd. 60, S. 409—470; 1806, Bd. 62, S. 85—89.
Fourim, Verdichtung. J. d. mines. 1811, Bd. 30, S. 161—214 u. 254—280.
Bellani, Verlust an Volumen. Edinb. phil. J. 1825, Bd. 13, S. 390.
Aikin, Porcellan aus Glas durch Lavagluth und Abkühlung. Trans. geol. Soc. Lond. 1819, Bd. 5, Th. 1, S. 9.
Fournet, (J.), Krystallisation des Glassilicates. Ann. Soc. d'agric. et Hist. nat. de Lyon 1841.
Harcourt (W. Vernon), Experimente. Brit. Assoc. 1844.

Leblanc (Felix), Soc. philomat. P. 1845, S. 127. — Splitgerber (D. C.), Pogg. Ann. Phys. 1849, Bd. 76, S. 566—575. — Bericht d. k. Preuss. Ak. 1849, S. 53—55.

Pelouze, C. R. Ac. d. Sc. P. 1855, Bd. 40, S. 1321 - 1327. — Dumas, Bemerk. S. 1327—1329. — L'Institut 1855, S. 229—231.

Hausmann (J. Fr. L.), Veränderungen. Stud. Götting. Ver. bergm. Fr. 1856, Bd. 7, S. 1—13.

Veränderungen im Glase durch lange Hitze. Guyton, Ann. de Chim. 1810, Bd. 73, S. 113—141. — Schweigger, n. J. f. Chem. u. Phys. 1811, Bd. 2, S. 137—157.

Krystalle im Glase. Keir (James), Lond. phil. Trans. 1776, S. 530. — Rozier's, Obs. s. la Phys. 1779, Bd. 14, S. 187—192.

Pajot de Charmes, Verschiedene Glaskrystalle mittelst eines salin. erdig. Flusses. Obs. s. la Phys. 1788, Bd. 33, S. 211—213, Taf. 2, u. 1790, Bd. 37, S. 351—393, Taf. 1.

Lherminat, dito 1789, Bd. 34, S. 63—65.

Sage, Prismatisches J. de Phys. 1803, Bd. 57, S. 107—108 u. Bd. 59, 8. 385. — Gilbert, Ann. Phys. 1805, Bd. 21, S. 45—50.

Gehlen, Moll's n. Jahrb. d. B. u. Hütt. 1816, Bd. 4, S. 107—109.

Buch (Leop. v.), Abh. k. Preuss. Ak. f. 1820—1821, Phys. Cl. S. 101.

Leydolt, im Fensterglas. Sitzber. k. k. Ak. Wiss. W. 1852, Bd. 8, S. 361—374. Taf. 6. — C. R. Ac. d. Sc. P. 1852, Bd. 34, S. 565. — Edinb. n. phil. J. 1853, Bd. 55, S. 189. — Americ. Annual of Scientif. Discoveries 1853, S. 210, — N. Jahrb. f. Min. 1853, S. 160. — Daubrée, Kritik. C. R. Ac. d. Sc. P. 1857, Bd. 45, S. 794. Der Kali Fluosilicat lässt seine Form.

Rammelsberg, Bergwerksfreund 1849, Bd. 12, S. 547.

Druck.

Aimé, De l'influence de la Pression sur les actions chimiq. P. 1837 4.

Hitze und Druck. Hall (Sir James), u. s. w. Vide supra.

Perkins, Krystallisation unter 1400 atmosphär. Druck. Roy. Soc. Edinb. phil. J. 1823, Bd. 8, S. 188.

Cagniard de la Tour, Experimente unter hohem Drucke. Ann. d. Chim. et Phys. 1822, Bd. 21, S. 63, 127—131, 178—181: Bd. 22, S. 410, 1823, Bd. 23, S. 267. — Ann. d. Min. 1824, Bd. 9, S. 187—190. — Quart J. of Sc. L. 1826, Bd. 16, S. 156.

Bunsen, Schmelzungspunkt verschiedener Materien nach dem besonderen Drucke verschieden. Monatsber. Berl. Akad. 1850, S. 465—469.

Thompson (W.), Einfluss des Druckes auf die Schmelzung des Eisens. Ann. de Chim. et Phys. 1852, 3 R. Bd. 35, S. 381—383.

Hopkins, (W.), Canadian, J. Febr. 1855, S. 150.

Becquerel, Langsame Wirkung beider Kräfte, Hervorbringung des Arragon, Kupferoxyd, Schwefelkupfer, Silber und Blei, kohlensaures Kupfer, Jodure, Broomure und Cyanure. C. R. Ac. d. Sc. P. 1857, Bd. 44, S. 938—940. — L'Institut 1857, S. 139. — N. J. f. Min. 1858, S. 851—852. — Phil. mag. 1857, 4 R. Bd. 14, S. 76.

Helmholtz, Nach dem Druck verschiedene Temperatur zum Eisenschmelzen nothwendig. Niederrhein. Ges. f. Nat. u. Heilk. zu Bonn 1858 7. April. — — N. Jahrb. f. Min. 1858, S. 492.
Landolt, Schmelzbarkeit des Arsenik unter hohem Drucke. Verh. d. Niederrhein. Ges. 4. Aug. 1859, — N. Jahrb. f. Min. 1859, S. 733.
Sorby, (K. C.), Mittel den Grad der Hitze und des Druckes zu bestimmen, unter welchen Mineralien und Fehlarten gebildet wurden. Rep. brit. Assoc. f. 1859, Leeds. S. 107. — Quart J. geol. Soc. L. 1858, Bd. 14. S. 453—500. — Edinb. n. phil. J. 1859, Bd. 9, S. 150—151. — N. Jahrb. f. Min. 1860, S. 85. — Jahrb. k. k. geol. Reichsanstalt 1861—1862, Bd. 12. Sitz. S. 9.
Prismatisch gewordene Sandstein im Hochofen. **Wille, Lichtenberg u. G. Förster.** Götting. Magaz. d. Wissensch. u. Literat. 1781, Bd. 2, H. 2, S. 293.
Allnand, J. de Phys. 1807, Bd. 65, S. 228—232. — Moll's Ephemerid. d. B. u. H. 1800, Bd. 5, S. 486—489.
Stengel, Noeggerath's Gebirge im Rheinl. Westphalen. 1825, Bd. 1, S. 90, Bd. 2. S. 201.
Hollunder, Kastner's Archiv f. Naturk. 1824, Bd. 4. S. 125.
Noeggerath, Beob. darüber. dito 1825, Bd. 5, S. 148—154.
Hollunder, Prismatische Sandst. u. Entglasung d. Coakschlacken. dito 1827, Bd. 12, S. 391—392.
Macculloch (J.), Durch Hitze künstlich erzeugt. Quart J. of Sc. L. 1830, Bd. 28, N. F. Bd. 6, S. 247. — Bull. univ. Fernssac's 1830, Bd. 20, S. 377.
Emmons, (E.), Americ. J. of Sc. 1843, Bd. 45, S. 146.
Reinsch, Amtl. Ber. 23. Vers. deutsch. Naturf. Nurnberg 1845, S. 119—122.
Gurlt (Dr Adolph), Niederrhein. Ges. f. Nat. u. Heilk. 7. Sept. 1860, Berggeist 1860, N. 96, Berg- u. Hüttenm. Zeitschr. 1861, S. 438. — N. Jahrb. f. Min. 1861, S. 230.
Durch Hitze veränderte Sandsteine. Lichtenb. und Forsters. Götting. Magaz. d. Wissensch. 1780, B. 1. H. 2, S. 203.
Tomlinson (C.), Im Yorkshire Proced. geologists Associat. Lond. 1860, N. 5, S. 50—54.
Gurlt, 1860. (Vide supra.)
Kreide in Marmor ohne Druck verwandelt. Gehlen, J. de Phys. 1806, Bd. 63, S. 238.
Durch die Hitzewirkung allein oder vermittelst einem Cement zugleich erwirkter Metamorphismus. **Durocher** (J.), Bull. Soc. Geol. Fr. 1846, 4. F., Bd. 3, S. 573—576. (Siehe auf trockenem Wege.)
Druck u. Ziehung. **Brewster** (D.), Krystallinische Structur in krystallin. Pulver. Trans. roy. Soc. Edinb. 1853, Bd. 20, Th. 4.
Percussion und Druck sammt Vibration. **Augustin** (Freih. v.), krystallinische Structur des Eisens in Flintenläufen. Mittheil. Fr. d. Naturwissensch. in Wien, 1847, Bd. 3, S. 82. — N. Jahrb. f. Min. 1848, S. 447—748.
Burg, Eisen der Eisenbahn-Waggonsaxen. Sitzber. k. k. Ak. Wiss. W. 1851, Bd. 6, S. 149 bis 152.
Phipson (Dr. T. L.), Geologist 1859, Bd. 2, S. 162.

Oscillation. **De la Noue**, Hervorbringung d. oolitisch. Antimon Protoxichlorur. Bull. Soc. geol. Fr. 1847. N. F. Bd. 4, S. 533.
Berührung. **Brame** (Ch.), Rhombisch Octaeder d. Schwefel aus Schwefeltropfen. C. R. Ac. d. Sc. P. 1849, Bd. 29, S. 600 adnotat.

Verbindung der Krystallisationsform und der chemischen Natur.
Boudant, Ann. d. Mines 1817, Bd 2, S. 1—38, 239—274, 289—344. — Ann. de Chim et Phys. 1817, Bd. 4, S. 72; Bd. 8, S. 5. — Bibl. univ. Genève 1818, Bd. 8, S. 325—328. — Ann. of philos. 1818, Bd. 11, S. 262—271. — Leonh. Taschenb. f. Min. 1818, Bd. 12, S. 250—264; 1821, Th. 1, S. 270 bis 285. — Isis 1818, S. 408. — Giornal di fisica, Pavia 1818, 2. Decad. Bd. 1, Bim. 4, Tb. 2, art. 2. — Giornale arcadico di Roma 1819, Bd. 1, fasc. 1, art. 5; fasc. 2, art. 11; fasc. 3, art. 9. — Quart J. of Sc. C. 1819, Bd. 6, S. 117—131.
Mitscherlich (E.), K. Vetesk. Sv. Acad. Handl. 1821, Th. 1, S. 4—79. — J. de Phys. 1821, Bd. 92, S. 70—72. — Ann. de Chim. et Phys. 1820, Bd. 14, S. 172; 1821, Bd. 19, S. 145; 1822, Bd. 19, S. 350, 378 u. 415; 1823. Bd. 24, S. 264, 355. — Abh. k. Ak. Wiss. Berl. f. 1820—1821, 1822, S. 24 bis 41; f. 1822—1823, 1825, S. 25. — Zeitsch. f. Min. 1825, Bd. 2, S. 519. — Quart J. of Sc. L. 1823, Bd. 14, S. 198 u. 415. — Giornale di fisica Pavia 1822, Dec. 2, Bd. 5, S. 315—319. — Antologia Fl. 1824 Bd. 15, Th. 3, S. 168. — Ann. de Chim. et Phys. 1828, Bd. 38, S. 54. — Pogg. Ann. Phys. 1828, Bd. 12, S. 137—146. — Ferussacs Bull. 1829, Bd. 16, S. 220—222. — Ann. d. Min. 1829, 2. R., Bd. 5, S. 147—152. — Pogg. Ann. Phys. 1836, Bd. 39, S. 401. — L'Institut 1836, N. 170. — Ann. d. Mines. 1837, 2. R. Bd. 12, S. 235. — Bibl. univ. Genève 1836, Bd. 73. S. 384. — Ann. de Chim. et Phys. 1840, Bd. 73, S. 384. — Ann. d. Min. 1841, 3. R., Bd. 19, S. 403—417. — Ann. d. Chem. u. Pharmac. 1841, Bd. 38, S. 173—185. Noch andere theoretisch oder ohne chemische Experimente gemacht zu haben.
Langsame Krystallisirung als gegenseitige Wirkung des Dichten und Flüssigen. **Lavalle**, Bull. Soc. geol. Fr. 1851, Bd. 8, S. 610—613. — L'Institut 1852, S. 41—42 unter der gewöhnlichen Temperatur. — C. R. Ac. d. Sc. P. 1853, Bd. 36, S. 493—495. — L'Institut 1853, S. 90. — N. Jahrb. f. Min. 1853. S. 470—473.
Macé (E.), L'Institut 1853, S. 156. — Erdm. J. f. prakt. Chem. 1853, Bd. 54. N. F. Bd. 8, S. 367.
Kuhlmann, Krystallisation amorpher Körper durch langdauernde Austrocknung. 1856. (Siehe Erz. a. d. nassem Wege.)
De Launay, Krystallisation amorpher Körper durch Zusammenziehung. Mem. Ac. roy. d. Bruxelles 1788, Bd. 5, S. 115—122.
Hervorbringung von krystallinischen Formen. **Reaumur** (René Ant. Ferchault de), Mem. Ac. d. Sc. P. 1721, S. 255—276; 1724, S. 307—310.
Linnaeus (Car.), Specim. acad. de generatione crystallorum. Upsal 1747. 4. Amaenit. Acad. Bd. 1, S. 454—482. Mit addenda in Select. ex Amaenit. S. 1—49.

Bourguet (L.), Lettres philosophiq. 1729, S. 35—74; 1762, S. 43—62. — Hannover Magaz. 1764, S. 1348, 1363 u. 1376.

Cappelleri (Maur. Ant.) u. Bourguet, Acta Acad. nat. curios. 1737, Bd. 4, App. S. 9—23.

King (Edw.), Lond. phil. Trans. 1767, Bd. 57, S. 58—60.

Kähler, Abhandl. von der Erzeugung der Krystalle. Gratz 1771. 8°. Übersetz. a. d. Lat.

Achard (Franc. Charl.), J. d. Phys. 1778, Bd. 11, S. 12—14. — Opuscoli Scelt. Mil. 1778, Bd. 1, S. 135—138.

De la Metherie (J. Claude), J. de Phys. 1781 od. 1805, Bd. 17, S. 251—305.

Leblanc, dito 1813, B. 33, S. 374—379.

Muthuon, Lond. geol. Soc. 1816, 16. Febr. — Ann. of phil. 1816, Bd. 7, S. 386.

Thilo, Taschenb. f. Min. 1824, Bd. 18, Th. 4, S. 745—774, Taf. 11. — Ferüssac's Bull. univ. Sc. nat. 1826, Bd. 7, S. 32—34.

Brooke (H. J.), Edinb. phil. J. 1825, Bd. 12, S. 1—14.

Link (H. F.), Mikroscopische Untersuchungen. Pogg. Ann. Phys. 1839, Bd. 46, S. 258—264, Taf. 3, Fig. 3—5. — N. Jahrb. f. Min. 1840, S. 234—239.

Harting (P.), Tijdskrift voor natuurl. Geschied. 1843, Bd. 10, S. 151—238, Taf. 4 u. 5.

Gaudin, C. R. Ac. d. Sc. P. 1847, Bd. 25, S. 664—667.

Knop (W.), Erdm. J. f. prakt. Chem. 1847, Bd. 40, S. 90—104; Bd. 41, S. 81 bis 84. — N. Jahrb. f. Min. 1848, S. 209—211.

Gaudin, Lavalle, 1851. (Vide supra.)

Drevermann, Phil. mag. 1853, 4 F., Bd. 6, S. 453.

Förster (R. F.), Proceed. roy. Irish Acad. 1854—1855, Bd. 6, Th. 2, S. 240.

Frankenheim, Pogg. Ann. Phys. 1855, Bd. 95, S. 347—379.

Highley (S.), Report brit. Assoc. 26 Meet, f. 1856, S. 114.

Gaudin (A.), Morphogénie moléculaire et cristallogénie. P. 1858. 8°. — L'Ingénieur 1858, April.

Frankenheim (L.), Mikroscopische Untersuchungen. Pogg. Ann. Phys. 1860, Bd. 111, S. 1—59.

Hervorbringung grosser Krystalle durch immerwährende Circulation. Payen, C. A. Ac. d. Sc. P. 1852, Bd. 34, S. 578. Schwefelkrystalle u. s. w.

Drevermann, Ann. d. Chem. u. Pharmac. 1854. N. F., Bd. 13, S. 11.

Pasteur (L.), C. R. A. d. Sc. P. 1856, Bd. 43, S. 796.

Hauer (Carl v.), Jahrb. k. k. geol. Reichsanst. 1859. — N. Jahrb. f. Min. 1860, S. 231.

Leblanc, (vide supra.)

Beudant, Verschiedenheiten in den Krystallwinkeln wegen Verschiedenheiten der umgebenden Media.

Dufrenoy, Traité de Min. 1844, Bd. 1, S. 215—224.

Nicklès (J.), C. R. Ac. d. Sc. P. 1848, Bd. 27, S. 270—272; 1850, Bd. 30, S. 530—531; 1854, Bd. 39, S. 160—162. — Ann. de Chim. et Phys. 1848, 3 F., Bd. 22. — Quesneville's Rev. scientifiq. 1849, Bd. 36, S. 361. — Erdm. J. f. prakt. Chem. 1848, Bd. 45, S. 371—374. — Ann. d. Chem. u. Pharmac. 1858, Bd. 70, S. 322. (Wöhler's Bestätigung.)

Hagard, C. R. Ac. d. Sc. P. 1850, Bd. 30, S. 367—388.
Hervorbringung der Formenveränderungen für Sulfate und Seleniate unter verschiedener Temperatur. **Mitscherlich** (E.), Pogg. Ann. Phys. 1827, Bd. 11, S. 323.
Hausmann (D. Fr. L.), Über durch moleculare Bewegung im starren, leblosen Körper bewirkte Formenveränderungen. Götting. 1855. Nachricht d. G. A. Universit. u. k. Ges. d. Wiss. G. 1855, Nr. 11, S. 143. — Studien Götting. Ver. berg. Fr. 1856, Bd. 7, Th. 1, S. 14—64. — N. Jahrb. f. Min. 1853, S. 688—695.
Kuhlmann, L'Institut 1858, S. 175—176.
Stotefeld (C.), B.rg- u. Hüttenm. Zeitschr. 1803, S. 64—67, 69—72 u. 77—80.
Hervorbringung ganz verschiedener Formen derselben chemischen Verbindungen.
    Wöllner (Dr. Crist.), Kastner's Arch. f. Naturl. 1825, Bd. 6, S. 364.
    — Edinb. n. phil. J. 1826, Bd. 1, S. 189. — Quart J. of Sc. L. 1826, Bd. 22, S. 199. — Ferussac's Bull. univ. 1826, Bd. 9. S. 392,
Mitscherlich, Schwefel als Schieferprisma und rhombisches Octaeder. Abh. d. k. Preuss. Akad. 26. Juni 1823, Bd. 9. — Ann. d. Chim. et Phys. 1820. Bd. 14, S. 269. — C. R. A. d. Sc. P. 1848, Bd. 26, S. 48.
Rose (G.), Kalkspath und Arragonit. (Vide infra.)
Casoria, Diario dell' 7. Congresso di Scienziati ital. Napoli 1847, S. 71.
Sainte Claire-Deville (Charl.), Für Schwefel. Soc. philomat. P. 1848, S. 0.
Gaudin, C. R. Ac. d. Sc. P. 1851, Bd. 32, S. 756—758.
Hauer (F. v.), Jahrb. k. k. geol. Reichsanst. 1861—1862, Bd. 12, Sitzb. S. 49 bis 51.
Hervorbringung von secundären Flächen in Krystallen. **Leblanc,** (Vide supra.)
Boudant, Traité de Mineralogie. 1830, Bd. 1, S. 190.
Lavalle, 1851. (Vide supra.)
Frankenheim, 1855—1860. (Vide supra.)
Pasteur (L.). C. R. Ac. d. Sc. P. 1856, Bd. 43, S. 795—798. — L'Institut 1856, Bd. 24, S. 385—386. — Ann. d. Chim. et Phys. 1857, 3. F. Bd. 49, S. 5 bis 31. — Pogg. Ann. d. Phys. 1857, Bd. 100, S. 137—165. — N. Jahrb. f. Min. 1857, S. 74—76. Auf mechanischem Wege.
Senarmont, C. R. Ac. d. Sc. P. 1856, Bd. 43, S. 799—800. — L'Institut 1856, S. 386. — N. Jahrb. f. Min. 1857, S. 76.
Wakernagel, Dodocaedrisches Chlornatron.
Mahrbach, Tetrader u. pentagonal Dodecaeder. C. R. Ac. d. Sc. P. 1856, Bd. 43, S. 705.
Hauer (Karl v.), Sitzb. k. Ak. Wiss. W. 1860, Cl. m. u. n. Bd. 39, S. 618 bis 622. Bd. 40, S. 539—554, 1 Taf. u. S. 604—606.
Reich, Treppenförmige Krystalle durch die Auflösung des Chlornatron und Steinsalzes. Bergmänn. Ver. zu Freiberg. 23. Dec. 1851, Berg- u. Hüttenm. Zeitschr. 1852, S. 636.
Hemitropien Müller (Dr. J.), Pogg. Ann. Phys. 1837, Bd. 41, S. 110—115, Taf. 1, Fig. 7.
Marbach, L'Institut 1856, S. 357.
Dimorphismus. (Vide supra.)

Isomorphismus. Rammelsberg, Erdm. J. f. prakt. Chem. 1850, Bd. 51, S. 180 bis 185.
Luboldt (R.), dito 1857. Bd. 77, S. 345—349.
Hauer (Carl v.), Episomorphen. 2 Isomorph. Salze auf einander. Sitzb. k. Ak. Wiss. W. 1860, Cl. M. u. N. Bd. 39. S. 611—618.
Pseudomorphosen Kuhlmann (Friedr.), C. R. Ac. d. Sc. P. 1856, Bd. 42, S. 375—377.)
Sorby (H. C.), Chemical News. L. 1860, N. 50, S. 270. — C. R. A. d. Sc. P. 1860, Bd. 50, S. 990—992. — Geologist L. 1861, Bd. 4, S. 501. — Vers. deutsch. Naturf. Speyer 1861. — N. Jahrb. f. Min. 1861, S. 697. (Kalkspath als kohlensauren Baryt und Fluor, kohlens. Baryt v. Strontian als Sulfate, Kalksilicate als Karbonate, Eisen- und Talkcarbonate als kohlens. Kalk oder Baryt oder Arragon.)
Capillarbildung. More (Sam.), Hochofen Eisenschlacken den Glasfilamenten ähnlich und durch Sir Will. Hamilton beschrieben. Lond. phil. Trans. 1782, Th. 1, Bd. 72, S. 50.
Bischof, Künst. Erz. von den Capillar und dendritisch. Formen des gediegenen Silbers u. s. w. Leonhard's Taschenb. f. Fr. d. Geolog. 1846, S. 17—18 adnotat.
Grossmann (L.), Capillarbildung in Coaksdrüsen der Mährisch-Ostrauer Steinkohle. Ber. üb. d. Mitth. d. Fr. d. Naturw. Wien 1850, Bd. 6, S. 47.
Dendritenbildung. Kortum, Experimente. Voigt's Magaz. f. d. neuest. Zust. d. Naturk. 1800. Bd. 2, S. 41. — Moll's Ann. d. B. u. Hüttenk. 1802, Bd. 1, Lief. 2, S. 170—172.
Crosse, 1836. (S. elektrochemische Wirkung.)
Parrot (G. F. der ältere), Mem. Ac. d. Sc. St. Petersb. 1832, Bd. 2, 2 Taf. v. 1842, 6 F. Sc. math. et Phys. Bd. 3.
Carlisle (Sir Ant.), Edinb. n. phil. J. 1839, Bd. 26, S. 344—346.
Eisenlohr, Graphit Dendriten in d. Hütte zu Freudenstadt. Leonh. Hütt. Prod. 1858, S. 317 u. s. w.
Efflorescenz. Gay-Lussac, Ann. de Chim. 1827, Bd. 36, S. 334. — Quart J. of Sc. L. 1828, Bd. 25. N. F. Bd. 3, S. 222.
Kuhlmann (F.), Efflorescenz auf Mauern. C. R. Ac. de Sc. P. 1841, Bd. 12, S. 332—335. — Erdm. J. f. prakt. Chem. 1841, Bd. 23, S. 308—311. — Auf Steinkohlen. Echo du monde savant. 1841, Bd. 1, S. 290.
Malaguti u. **Durocher**, Efflorescenz des Laumontit. C. R. Ac. d. Sc. P. 1846, Bd. 22, S. 862. — Phil. mag. 1846, Bd. 29. — N. Jahrb. f. Min. 1846, S. 840.
Verwitterung. Ebelmen, für Silicate. 1847. (Siehe Silicate.)
Becquerel, (siehe Felsarten.)
Colorirte Ringe auf Metalle durch metallische Säure. Becquerel Ann. de Chim. et Phys. 1845, 3. F. Bd. 13, S. 342—350.
Brewster (Dav.), Künstl. Erz. von regelmässigen und unregelmässigen Zirkeln auf Glas, auf alte Gläser, Quarz und Mangankrystalle im Centrum.
Brame (C.), dito auf in einem Gemische von Kalkfluorur und concentr. Schwefelsäure getunktem Glase. C. R. Ac. d. Sc. P. 1852, Bd. 35, S. 667.

Mitscherlich (E.). Farbveränderung durch Hitze oder Erkaltung. Pogg. Ann. Phys. 1833, Bd. 28, S. 117; 1840, Bd. 49, S. 404.

Jannetaz, dito C. R. Ac. d. Sc. P. 1864. Bd. 58, S. 719—720.

Blaue Färbung der Eisenschlacken. **Meyer,** Kastner's Archiv f. Naturl. 1828, Bd. 13, S. 222.

Hausmann, Stud. d. Götting. Ver. bergm. Fr. 1854, Bd. 0, S. 355.

Fournet, Sur la cristallisat. des silicates vitreux et sur la couleur bleu des laitiers. Ann. soc. d'agric. Lyon 1841, 8°. — Erdm. J. f. prakt. Chem. 1842, Bd. 26, S. 321—328.

Brewster (D.). Irisation in Agathen. Lond. phil. Trans. 1813, S. 102—103, 184 u. 197. — Phil. mag. 1843, Bd. 22, S. 212—215. — Pogg. Ann. Phys. 1844, Bd. 61, S. 134—138.

Kobell (v.), ¡Vermittelst galvanisch. Strome. Erdm. J. f. prakt. Chem. 1843, Bd. 30, S. 471—472. — **Haidinger,** Übers. d. mineralog. Forsch. f. 1843, S. 124—125.

Hausmann (Fr.), Nachricht der Götting. Universität u. s. w. 1848, N. 3, S. 34. — Karsten's Archiv 1848, Bd. 22, S. 631—641. — N. Jahrb. f. Min. 1848, S. 326—336. — L'Institut 1848, S. 150—153. — Edinb. n. phil. J. 1849, Bd. 46, S. 183.

Asterismus. Gruel, Pogg. Ann. d. Phys. 1863, Bd. 120, S. 511—512.

Sorby (H. C.), Höhlen und Löcher in Krystallen. Quart. J. geol. Soc. 1858. Bd. 14, S. 455—475, Taf. 16—19, 120 Fig.

Drusen in Erzen. **Leonhard,** Hüttenprod. 1852, S. 186, Fig.

Boussingault, Quarzdrusen durch kieselige Verflüchtigung. Soc. philom. P. 1839, S. 39.

Senarmont, Schaalförmige Bildung auf nassem Wege in Erzlagern. C. R. Ac. d. Sc. P. 1850, Bd. 32, S. 409—413.

De la Noue, Oolitische Form. 1847. (Siehe Oscillation.)

Einzelne Mineralien.

Alaun, Tschermig, Böhmen. **Lampadius,** Gilbert's Ann. Phys. 1823, Bd. 74, S. 503—506.

Dufrenoy, Sublimation in Solfataren. Ann. de Chim. et Phys. 1835, Bd. 60, S. 434.

Allophan, Taschenb. f. Min. 1818, S. 157.

Malaguti u. **Durocher,** Alumina in flüssig. Ammoniak lösbar. C. R. A. d. Sc. P. 1846, Bd. 22, S. 850.

Aluminate. Daubrée, K. Erz. der Mineralien a. d. Famil. d. Silicat. u. Aluminate durch Gegenwirkung der Dämpfe auf Felsarten. dito 1854, Bd. 39, S. 135 bis 140. — Edinb. n. phil. J. 1854, S. 57, 307—317.

Aluminit. Müller (H.), De tertiariae formationis mineris aluminicis. Berol. 1853, 4.

Eisenalaun oder Voltait. **Abich.**
— **Schroder,** a. Eisenkies. Lithologia Hallensis 1739.

Amalgam. Kopecki (Rud.). Mitth. Fr. d. Naturwiss. in Wien 1848, Bd. 4, S. 308. — N. Jahrb. f. Min. 1849, S. 317.

Ammoniacal - Salzträmmer, in einer Ziegelbrennerei. Ann. of philos. L. 1813,
Bd. 1, S. 311—312; 1814, Bd. 3, S. 311.
Ulex (G. L.), N. Jahrb. f. Min. 1851, S. 55—50.
Bischof, in Vulcanen. Chem. geol. 1847, Bd. 2, S. 110.
Schnabel, Eisen Am. Americ. J. of Sc. 1854, Bd. 17, S. 128. — Berg- u. Hüttenm.
Zeit. 1852, S. 621.
Amianth. Grignon, Hochofen. Mém. de Phys. 1775, S. 1. — Beckmann's
Physik. Bibl. 1776, Bd. 7, S. 75.
Anthracit. Hochofen Niederbronn. L'Institut 1844, S. 156. — N. Jahrb. f.
Min. 1844, S. 857—858.
Kugeliger Ahtbracit mit einer strahligen Aureole in den Mauerspalten des
Hochofens zu Niederbronn. Dep. d. Nied. Rhein. Leonhard's Taschenb. f.
Fr. d. Geolog. 1845, Bd. 1, S. 70—71.
Analcim. Schulze, in einem Mittelding zwischen Glimmer und Thonschiefer
in einem Kalkofen bei Innsbruck. Gehlen's J. f. Chem., Phys. u. Min. 1809,
Bd. 8, S. 207—208. — Moll's n. Jahrb. d. Berg- u. Hüttenm. 1815, Bd. 3.
S. 94.
Anhydrit. Manross u. Woehler, 1852. (Siehe in Allgemeinen.)
Gediegenes Antimon. Gore (G.), auf elektrischem Wege. Phil. mag.
1858, 4. F. Bd. 16, S. 441.
Zenger (C. W.), im Hochofen Jahrb. k. k. geol. Reichsanst. 1861—1862, Bd. 12.
Sitzb. S. 10.
Antimonocher aus Antimonglanz.
Antimonblüthe aus Antimonglanz. Ulex, Amtl. Ber. 24. Vers. deutsch,
Naturf. Kiel 1846, P. 8°. S. 271, Section Mineral. S. 51.
Bauersachs, Leonhard's Hüttenproducte. 1858, S. 340.
Antimonglanz. Hausmann, dito.
Antimonblei. Kersten, K. Erz. Freiberg. Leonhard S. 382.
Hydrat Apatit. Boedeker, Ann. d. Chem. u. Phys. 1849, Bd. 69, S. 206.
Apatit. Lösbarkeit des phosphorsauren Kalkes in mit Kohlensäure gesättigtem Wasser, in flüssigem Natron, Hydrochlorate u. s. w.
Liebig, Erdm. J. f. pract. Chem. 1846, Bd. 39, S. 383.
Lassaigne, dito. Phil. mag. 1847, Bd. 30, S. 297.
Orum (A.), dito Ann. d. Chem. u. Pharm. 1847, Bd. 63, S. 394—398.
In Menschenknochen. Leonhard's Taschenb. f. Fr. d. Geolog. 1846, S. 41
bis 42.
Darwin auf Guano Insel Fernando de Naronha und als Stalactit in Laven der
Insel Ascension. Seine Reisen. 1847.
Daubrée (A.), 1851.
Forchhammer, Schmelzung d. Kochsalz mit Knochenmass. oder Raseneisenstein.
Pogg. Ann. Phys. 1854, Bd. 91, S. 568. Zeitschr. d. deutsch. geol. Ges.
1864, Bd. 16, S. 6. Siehe phosphors. Kalk. (Vide supra.)
Scacchi auf Somma. — Manross, 1852. (Vide supra.)
Apophyllit. Woehler, Auflösung unter 180—190° C. und Druck von 10—12.
Atmosphären und Wiederbildung der Krystalle mittelst Abkühlen. Ann. d.
Chem. u. Pharm. 1848, Bd. 65, S. 80.

(Boué.) 3

Daubrée, Min. Wasser zu Plombières. Amtl. Ber. 33. Vers. deutsch. Naturf. 1857, S. 100. — Bull. Soc. géol. Fr. 1859, Bd. 16, S. 562—591.

Arragon. Rose (Gust.), Mitth. a. d. Verh. d. naturf. Fr. zu Berlin. 1837, S. 34. — Ann. d. Min. 1837, Bd. 12, S. 611. — Pogg. Ann. Phys. 1837, Bd. 42, S. 353—367. — N. Jahrb. f. Min. 1838, S. 332—333. — Bibl. univ. Genève 1838, Bd. 15, S. 174—184. — Phil. mag. 1838, Bd. 12, S. 465—474. — Edinb. n. phil. J. 1838, Bd. 25, S. 207—208. Monatsber. k. Preuss. Akad. 1853, S. 355. (Siehe Kalkspath 1860.) —

Yorke (Colon.), Proceed. Chem. Soc. L. 11. Mai 1841. — Phil. mag. 1841. Bd. 19, S. 330—332. — L'Institut 1841, S. 393. — Bibl. univ. Genève 1842, Bd. 37, Archiv, S. 196—197. — N. Jahrb. f. Min. 1842; S. 462.

Becquerel, Edinb. n. phil. J. 1853, Bd. 55, S. 191. — Americ. J. of Sc. 1852, N. F. Bd. 14, S. 423.

Metallisches Arsenik. Fauser (Rhomboeder), Leonhard's Hüttenproducte. 1858, S. 341.

Hessel Jahrb. f. Min. 1833, S. 401.

Arsenikkies, Kobalt Blauwerke Kurhessens Leonhard's Hüttenproducte. 1858, S. 382.

Plattner u. Gätzschmann, Morgenstern — Erbstollen Freiberg. Jahrb. f. d. Sächs. Berg- u. Hüttenm. 1851, S. 31—43.

Arsenikblüthe, **Hausmann**, Moll's Annal. d. Berg- u. Hüttenm. 1806, Bd. 5, S. 22. — Ulrich, Berg- u. Hüttenm. Zeit. J. 1857, S. 97. — Leonh. Hüttenprod. 1858, S. 341.

Dobereiner, Sublimation. Amtl. Ber. Vers. deutsch. Naturf. Jena 1836. — N. Jahrb. f. Min. 1837, S. 248.

Plattner, Leonh. Hüttenprod. 1858, S. 340.

Arseniksäure. Bertrand de Lom., Considérat. sur la non exist. de l'arsenic normal et format. des Acad. arsenieux et arseniq. dans les filons. P. 1847, 4°. Smaltefabrik zu Schlögelmühl, Gloggnitz. **Kenngott's** Mineralog. Notiz. 6. F., S. 8.

Arseniate. Debray (H.), Ann. de Chim. et Phys. 1861, 3. F., Bd. 61, S. 419 bis 456. — L'Institut 1861, S. 9 —11. — Phil. mag. 1860, 4. F., Bd. 19, S. 380. — Bull. Soc. chimiq. de Paris 1859, S. 134. — Erdm. J. pract. Chem. 1861, Bd. 82, S. 428—430. Kupferarseniate.

Asbest in Hochofen. **Murray** (W.), Glasgow. philos. Soc. Athenaeum 1846, 11. Jún. — L'Institut 1846, Bd. 14, S. 176. — N. J. f. Min. 1846, S. 839. — Leonh. Taschenb. f. Fr. d. Geolog. 1847, S. 49. — Americ. J. of Sc. 1846. N. F. Bd. 1, S. 429.

Asphalt. Brunet, Bull. Soc. géol. Fr. 1838, Bd. 9, S. 252. — N. Jahrb. f. Min. 1839, S. 488.

Sefstroem, Jern kontorets Annaler 1826, Bd. 10, S. 147.

Augit. Mitscherlich, 1833. (Vide im Allgemeinen.) Sefstroem Jern kontorets Annaler 1826, Bd. 10, S. 147.

Nöggerath, Im Hochofen. C. R. Ae. d. Sc. P. 1840, Bd. 10, S. 897—898. — Erdm. J. f. prakt. Chem. 1840, Bd. 20, S. 501—502. — N. Jahrb. f. Min. 1841, S. 745—746; 1844, S. 323—324.

Zimmermann, Hamburger Brand 1842.

Bacher, Lava-Augit in dem Spatheisenstein. Schmelzhütte in Imbach (Tirol), wo man Kalk und Holzkohle braucht. Leonh. Taschenb. f. Fr. d. Géol. 1845, Bd. 1, S. 69.
Hausmann, Lüttich, Stud. Götting. Ver. bergm. Fr. 1854, Bd. 6, S. 348.
Leonhard (C. C. v.), N. Jahrb. f. Min. 1853, S. 641—658.
Bingler Ruszkberg, Hingenau's Österreich. Zeitschr. f. Berg- u. Hütt. 1853.
Gurlt, Übersicht Pyrog. M. 1857, S. 51.
Magnesia-Augit. Ebelmen, Ann. de Chim. et Phys. 1851, 3. A. Bd. 33, S. 34.
Samarsky Petrosadowsk (G. Olonetz), Leonh. Hüttenprod. 1858, S. 280.
Hohenegger, dito S. 290.
Rainsch, Tanndorf Culmbach. (Vergl. Fornacit.)
Auripigment. Sublimirt am Vesuv. Monticelli u. Covelli, Prodromo Mineralog. Vesuv. 1825, Bd. 1, S. 36.
Hauer, Jahrb. k. k. geol. Reichsanstalt. 1853, S. 109.
Andreasberg Leonh. Hüttenprod. 1858, S. 342.
Aventurin. Fremy u. Clemandot, C. R. Ac. d. Sc. P. 1846, 23. Febr. — Bibl. univ. Genève Archiv. 1846, Bd. 1, S. 310. — Americ. J. of Sc. 1846, N. F. Bd. 1, S. 430.
Azurite. (Kupfer-Azotat u. Kreide.) Debray, C. R. Ac. d. Sc. P. 1859, Bd. 49, S. 218—219. — L'Institut 1859, S. 245.
Baryt-Schwefelspath auf nassem Wege. Bischof (Gust.), Chem. Phys. Geol. 1847, Bd. 1, S. 643.
Pelouse (J.), Erdm. J. f. prakt. Chem. 1859, Bd. 78, S. 21—322.
Manross, 1852. (Siehe allgemeine Experimente, S. 5.)
Haidinger (W.), Durch das Karlsbader therm. Wasser. Jahrb. k. k. geol. Reichsanst. 1854, Bd. 5, Th. 1, S. 142—147. — N. Jahrb. f. Min. 1854, S. 683 bis 686.
Senarmont, Schwefelsaurer Baryt mit doppeltkohlensaurer Natronlösung. 60 St. unter 250°.
Berillerde, Ebelmen, sechsseitiges Prisma durch Synthese. (Vide supra.)
Schwefelwismuth. Rose, Pogg. Ann. d. Phys. 1854, Bd. 91, S. 401—403.
Wismuthblüthe und gediegener Wismuth. Joachimsthal u. s. w.
Blende. (Vide Zink.)
Gediegenes Blei. Payot (C.), J. d. Phys. 1791, Bd. 38, S. 52—54, T. 1, F. 1—13.
Noeggerath, In der Natur. Zeitschr. deutsch. geol. Ges. 1852, Bd. 4, S. 678.
Ihle, Silberhütte zu Mulden bei Freiberg. Bergm. Vers. zu Freiberg, 12. Jänner 1858. Berg-u. Hüttenm. Zeit. 1858, S. 123. — N. Jahrb. f. Min. 1859, S. 191.
Uhler, Proceed. Acad. nat. Sc. Philadelph. 1858, Bd. 10, S. 2.
Plattner u. Scheerer u. s. w. Leonh. Hüttenprod. 1858, S. 342—344.
Verschiedene Bleiverbindungen. Du Hamel, Cupelofen zu Lessard, Olonc, Poitou. Mém. Ac. Sc. P. 1786. Mem. S. 478.
Holländer, Königshütte. Gediegenes Blei, Bleiglätte, gelbes, grünes und rothes Blei. Kastner's Archiv f. d. ges. Naturk. 1825, Bd. 4, S. 121—127, 250—256.
Dumenil, Eisenhochofen im Harz. Schweigger's J. f. Chem. u. Phys. 1812, Bd. 4, S. 44.

Fournet, Vaporisation. Ann. d. Chim. et Phys. 1844, 3. Ser. Bd. 10.
Chromblei. Quart. J. of Sc. L. 1825, Bd. 19, S. 155. — Zimmermann, im
 Hamburger Brand. N. Jahrb. f. Min. 1843, S. 76.
Manross, 1852. (Vide supra.)
Bleicarbonat. **Pansner** (s. Galena Nertschinsk.), Taschenb. f. Min. 1817, Bd. 11
 Th. 1, S. 312 u. s. w.
Richter, Bergm. Ver. zu Freiberg 19. Dec. 1854. — Berg- u. Hüttenm. Zeit.
 1855, S. 223.
Dechen (v.), Beweis der noch fortdauernden Bildung. Niederrhein. Ges. f.
 Naturk. zu Bonn 1857, 1. April. — N. Jahrb. f. Min. 1858, S. 216.
Koch (Karl), Nassau. Leonh. Hüttenprod. 1858, S. 344.
Gümbel, Geogn. Beschreib. d. bayer. Alpen. 1861, S. 246—247. — N. Jahrb. f.
 Min. 1862, S. 737.
Boué, Alston moor, England.
Nöggerath, Breinig, Stollberg bei Aachen. Mag. Berl. Ges. nat. Fr. 1716,
 Bd. 7, S. 53.

Bleiglätte. Mitscherlich (rhombisch Oktaeder.)
Hausmann, Nachricht d. G. A. Universit. u. s. w. Götting. 1855, S. 40.
Daub (Schwarzwald) u. **Plattner,** Freiberg. Leonh. Hüttenprod. 1858, S. 334.
Breithaupt (Aug.), In Sandstein und Kalktuff. Bergm. Ver. zu Freib. 3. April
 1860. Berg- u. Hüttenm. Zeit. 1860, S. 495. Auch Bleierde, natürliche Zer-
 setzung des Schwefelblei.
Manross, 1852. (Siehe Allgemeines.)

Molybdensaures Blei. Hausmann (J. Fr.sL.), Götting. Ges. d. Wiss.
 1853. — L'Institut 1853, S. 131. — Edinb. n. phil. J. 1853, Bd. 55, S. 190.
 (Siehe Diopsid.)

Bleioxyd. Chevreul, C. R. Ac. d. Sc. P. 1844, Bd. 19, S. 531—536. Auch als
 Salz in verschiedenen künstl. Producten.
Ulrich und **Grailich, Rammelsberg,** Sitzber. k. Akad. Wiss. W. 1858, Bd. 28,
 S. 282—288.

Rothes Bleioxyd. Nöggerath, a. Verwitterung d. Galena, Bleialf, Kreis
 Prim., Rheinl. Westphalen 1824, Bd. 3, S. 287. — N. Jahrb. f. Min. 1847,
 S. 37—38. — Verh. d. Niederrhein. Ges. f. Nat. u. Heilk. 1854, Nov. —
 N. Jahrb. f. Min. 1855, S. 466.

Phosphorsaures Blei. Dobereiner, Isis 1818, S. 447.
Manross, 1852. (Siehe im Allgemeinen.)
Galena in Würfel oder Oktaeder im Bleiofen. **Nöggerath,** Schweigg. J. f.
 Chem. u. Phys. 1825, N. R. Bd. 14 (A. F. Bd. 44), S. 251. — Ferussac's
 Bull. univ. sc. nat. 1826, Bd. 9, S. 34.
Siemssen Krusten. Isis 1831, S. 869.
Becquerel, auf nassem Wege. N. Bull. de la Soc. Philom. P. 1833 Aug., S. 125. —
 Ann. de Chim. et Phys. 1833, Bd. 51, S. 105 — 108. — N. Jahrb. f. Min.
 1834, S. 54.
Nöggerath, Körnigstrahlig in den Przibramer Hochöfen. N. J. f. Min. 1838, S. 307.
Metzger (Ernst), Verh. d. zweit. Vers. Main. zu Klausthal 1852, 13. Aug. S. 21
 u. 23. — Berg- u. Hüttenm. Zeit. 1853, S. 238—240 u. 253.

Cotta und Plattner, Gangstudien. 1848, Bd. 2, S. 1.
Hausmann, Beiträge. 1852, S. 10.
Ulrich (Fr.), Harz. Berg- u. Hüttenm. Zeit. 1859, S. 245—248.
Rose (G.), Leonh. Hüttenprod. 1858, S. 383.
Schwefelsaures Blei. Kuhlmann, J. de Pharmac. 1840, Bd. 27, S. 159.
— Ann. d. Min. 1831, 3. F., Bd. 19, S. 533. — Ann. d. Chem. u. Pharm. 1841, Bd. 38, S. 366—367.
Zimmermann, Hamburger Brand. N. Jahrb. f. Min. 1843, S. 76.
Manross, 1852. (Vide supra.)
Bleivitriol. Manross 1852.
Metzger (E), 1852. (Siehe Galena.)
Hausmann, Beiträge 1852, S. 46.
Blei und Eisen. Sonnenschein (Fr. L.), Zeitschr. deutsch. geol. Ges. 1855, Bd. 7, S. 664.
Schwefelkupferblei. Leonhard's Hüttenprod. 1858, S. 398.
Schwefelsaures Blei. Manross, 1852. (Vide supra.) Quadr. Oktaeder. — Ann. d. Chem. u. Pharm. 1848, Bd. 32, S. 348 u. 357.
Verschiedene Bleierze. Schneider, N. Jahrb. f. Min. 1836, S. 339—340.
Boracit, Heintz (W.), Richter, Berlin. Akad. monatl. Ber. 1860, S. 466 bis 468. — N. Jahrb. f. Min. 1861, S. 81. — Erdm. J. f. prakt. Chem. 1860, Bd. 81, S. 252—254. — Pogg. Ann. d. phys. 1860, Bd. 110, S. 613—621. — Phil. Mag. 1860, Bd. 20, S. 378.
Borax, Tarapaca, Süd-Amerika. Becks Berg- u. Hüttenm. Zeit. 1863, S. 229.
Brookit. Rose, Verwandl. des Anatas und Rutil in Brookit durch Temperaturveränderung. Ann. de Chim. et Phys. 1846, 3. F. Bd. 16, S. 176.
Daubrée, Erz. vermittelst Titan-Perchlorur.
Hautefeuille (P.), C. R. Ac. d. Sc. P. 1863, Bd. 57, S. 148. — L'Institut 1863, S. 220.
Cadmiumoxyd. Oktaëder. Leonh. Hüttenprod. 1858, S. 384. Zinkhütten.
Schwefelcadmium. Sainte-Claire Deville (H.), 1861, Bd. 52, S. 921.
Erdige und metallische Hydrocarbonate. Damour (A.), dito 1857, C. R. Ac. Sc. P. 6. März. Bd. 44. — Gornoi J. 1857, N. 6, Bd. 2, S. 550—553.
Chalkolit. Werther, Erdm. J. f. prakt. Chem. 1848, Bd. 44, S. 127—128.
Debray, 1859. (Vide supra Arseniate.)
Chlorit (unter ziemlich niederer Temperatur.) Daubrée, Bull. Soc. geol. Fr. 1860, Bd. 18, S. 482 adnotat.
Chromoxyd. Woehler (rhomboidal.), Pogg. Ann. d. Ph. 1834, Bd. 33, S. 341. — Edinb. n. phil. J. 1835, Bd. 18, S. 400.
Ebelmen. (Vide supra.)
Blake (W. E.), Chrom sesquioxyd. Proceed. Americ. Assoc. of Sc. 1850, 4°. Meet Newhaven. — Americ. J. of Sc. 1850. N. F. Bd. 10, S. 352—354.
Gentele, auf trockenem Wege. Ann. d. Chem. u. Pharm. 1851, Bd. 80, N. S. Bd. 4, S. 273.
Svanberg (L.), Erdm. J. f. prakt. Chem. 1851. N. S. Bd. 3, S. 187—190.
Chrysoberil. Ebelmen, C. R. Ac. d. Sc. P. 1851, Bd. 32, S. 312. — L. Instit. 1851, S. 170. — Phil. mag. 1851, 4. F. Bd. 2, S. 330. Ann. de Chim. et Phys. Bd. 22, S. 213. N. J. f. Min. 1851, S. 710.

Chrysolith. Hausmann (Fr.), in Eisenschlacken. Leonh. Taschenb. f. Min. 1824, Bd. 18, Th. 1, S. 56—60. (Siehe Hyalosiderit.)
Miller, Wales Hochöfen. Bull. Soc. géol. Fr. 1834, Bd. 5, S. 80.
Kobell (Fr. v.), Schweigg. Seidel, J. d. prakt. Chemie 1835, Bd. 5, S. 214. Unterschied zwischen echten u. künstl. Chr.
Johnston (J. F. W.), Bestandtheile einiger Eisenschlacken (Eisen und Magnesiasilicate. Edinb. n. phil. J. 1834, Bd. 16, S. 190.)
Ebelmen, Hochofen Rauchfang. 1836. (Siehe Analysen.)
François, Eisenwerke zu Rancié. Ann. d. Mines 1838, 3. F., Bd. 13, S. 560 adnot. T. 7, F. 4.
Noeggerath, Eisenoxydulsilicat unter der Form des Chrysol. in Polen. N. Jahrb. f. Min. 1844, S. 323—324. — Taschenb. f. Fr. d. Geol. 1845, Bd. 1, S. 09.
Sokolov (N. N.), Gornoi J. 1857, N. 6. S. 434—503.
Erman, Archiv f. Wiss. Kunde Russl. 1859, Bd. 19, S. 126—182.
Chytophyllit und Chytostilbit. Hausmann, Stud. d. Götting. Ver. bergm. Fr. 1858, Bd. 7, S. 78.
Cinnober. Pelletier, Rozier's Obs. s. la Phys. 1782, Bd. 10, S. 311—314.
Dobereiner, auf nassem Wege. Schweigg. J. d. Chem. u. Phys. 1831, Bd. 61, S. 380—381.
Coak, Dechen (v.), am Boden eines mit Coak geheizten Hochofens. Niederrhein. Ges. f. Naturk. zu Bonn 1858 2. Dec. — N. Jahrb. f. Min. 1859, S. 183.
Einige Verbindungen Kobalts und Arseniks in norwegisch. Hochöfen. Scheerer (Th.) u. Francis (W.), Phil. mag. 1840, Bd. 17, S. 331—335.
Arseniksaurer Kobalt. Karsten (Karl), Pogg. Ann. d. Phys. 1843, Bd. 60, S. 266—267.
Gentele und Svanberg. (Siehe Chromoxyd.)
Cyanure. Zinken (C.) und Bromeis (C.), Mügdesprung. Hochofen. Pogg. Ann. d. Phys. 1841, Bd. 55, S. 89—97. — Erdm. J. f. prakt. Chem. 1842, Bd. 25, S. 246—253. — Berg- u. Hüttenm. Zeit. 1842, S. 69—75, 85—88. — Bergwerks Fr. 1840, Bd. 4, S. 289. — N. Jahrb. f. Min. 1843, S. 210.
Cyankalium. Clark (Thom.), im Eisenhochofen Aberdeen. Phil. mag. 1837, Mai, Bd. 10. — Pogg. Ann. Phys. 1837, Bd. 40, S. 315—317. — Ann. d. Mines. 1838, 3. F., Bd. 13, S. 638. — Bibl. univ. Genève 1837, Bd. 10, Archiv, S. 188—189.
Bromeis (C.), Brit. Assoc. 1842.
Bunk, St. Leonhard Hochofen in Kärnthen. Sitzber. k. Ak. Wiss. W. 1849, S. 211—215. — An. v. Löwe. S. 216.
Eck, Königshütte Ob.-Schlesien. Karsten's n. Archiv f. Min. 1851, Bd. 24, S. 286 bis 292.
Zinken, Berg- u. Hüttenm. Zeit. 1842, S. 69; auch Bunsen und Playfair.
Demant. Mit schwarzen Punkten mittelst der Volta'schen Säule in Deutschland. J. de Physique 1811, Bd. 73, S. 400. In England, Taschenb. f. Min. 1811, Bd. 5, S. 232.
Hare, Silliman, Macneven u. Vanuxem, Versuche mit Graphit und Holzkohleschmelzung. Americ. J. of Sc. 1823, Bd. 6, S. 341—353. — Schweigg.

Jahrb. d. Chem. u. Phys. 1823, N. F. Bd. 9, S. 87, 190; 1825, Bd. 13, S. 213. — Edinb. phil. J. 1821, Bd. 9, S. 179—183. Kein reines Carbon.

Cagniard de Latur. (Scheinbar ein Irrthum.) Ac. d. Sc. P. 1828 10. Nov. — J. de Chim. medic. P. Jahrg. 5, S. 38—39. — Pogg. Ann. Phys. 1828, Bd. 14, S. 535—537.

Thenard, Dumas, Cagniard de Latour, Versuche. Ann. de Chim. 1828, Nov. Bd. 39. — Americ. J. of Sc. 1829, Juli, Bd. 16. S. 394.

Kastner, Versuche, sein Archiv f. Naturl. 1829, Bd. 16, S. 154—164.

Gannal, Niederschlag der Kohlenst. a. geschwefeltem Kohlenst. durch Phosphor. Ac. d. Sc. P. 1829, 3. Nov. — J. de Chim. medic. 1828, S. 582. — Ann. d. l'Indust. franç. 1829, Bd. 2, S. 375. — Pogg. Ann. Phys. 1828, Bd. 14 (A. F. Bd. 90), S. 387—390, 1829, Bd. 15, S. 311. — Americ. of Sc. 1830, Bd. 17, S. 372. — Schweigg. J. d. Chem. u. Phys. 1829, Bd. 56, S. 249—250. — Quart. J. of. Sc. L. 1829, Bd. 27, (N. F. Bd. 5). S. 190.

Döbereiner, Gannal u. Cagniard-Latour's Methode gefolgt. J. d. Pharmacie 1829, S. 29. — Schweigg. J. d. Chem. und Phys. 1828. A. R. Bd. 54, S. 468.

Sommerville (Frau), Voltaische Wege. On the Connexion of the physic. Sc. d. 1834, S. 307—308. — Edinb. review 1834, April, S. 167. — Quart. Rev. L. 1834, März, S. 63. — N. Jahrb. f. Min. 1855, S. 199.

Thomas, Acicular Krystalle, in einem hermet. verschlossenen, mit Braunkohlen geheizten Ofen zu Fellerhammer.

Eisleben, Berg- und Hüttenm. Zeit. 1845, 30. Juli, Nr. 31. — Sachse's allgem. deutsch. naturhist. Zeitung 1846, Bd. 1, H. 1, S. 90.

Cagniard-Latour, Missglückte Versuche. Ac. d. Sc. P. 1847, 12. Juli. — L'Institut. 1847, S. 226, 244, auch Soc. philom. P. 1847, S. 77—79. — Bibl. univ. Genève 1847, Archiv 4. F., Bd. 6, S. 61—62.

Silliman, Zweifelhafte Exp. Americ. J. of. Sc. 1847. — Ann. de Chim. et Phys. 1848, Bd. 24, S. 222.

Desprets, Künst. Erzeugung von Demantpulver C. R. Ac. Sc. P. 1853, 5. und 19. Sept., Bd. 36. — L'Institut. 1853, S. 317—318. — Erdm. J. f. prakt. Chem. 1854, Bd. 61. N. F. Bd. 10. S. 55—56. — Bibl. univ. Genève Archiv 1853, 4. F., Bd. 24, S. 281. — Edinb. n. phil. J. 1854, Bd. 56, S. 178. — Canadian, J. Toronto 1853, Nov. S. 103.

Babinet, N. Versuche über d. Zersetzung des Schwefelkohlenstoffes. Revue des deux Mondes 1855, Bd. 9, S. 821.

Favre (Alph.), Theoretisch durch Reagirung gewisser flüchtiger Chlorüre auf Felsarten oder Mineralienbestandtheilen. Bull. Soc. géol. Fr. 1856, Bd. 13, S. 318 sammt Damour's Kritik, S. 553.

Sainte-Claire Deville, Silicium Demante. Ann. d. Chim. et Phys. 1857, 4. F., Bd. 49.

Woehler und Deville. Bor-Demante, 1857.

Jobard, aus Anthracit im Hochofen. Nouvelles Inventions 1858. — Geologist 1859, Bd. 2, S. 163.

Gannal, Dodecadrisch. D. durch Reaction des Phosphors, Wassers, Schwefels und Kohlenstoffes während einiger Monate. London Review 1862. — Ausland 1862, S. 600.

Diaspor. Senarmont, Mittelst Ammoniak-Chlorhydrat. C. R. Ac. d. Sc. P. 1851.
Bd. 32, S. 762—763. — L'Institut. 1851, S. 163. — N. Jahrb. f. Min. 1852,
S. 216. — Phil. mag. 1851, 4, F., Bd. 2. S. 161. — Edinb. n. phil. J. 1852,
Bd. 52, S. 329—330.

Diopsid in Schlacken. Hausmann (Friedr.), Reise durch Skandinavien 1818,
Bd. 5, S. 330. — Comment. Soc. Ac. Sc. Gotting. 1819, Bd. 4, S. 85. —
Nachricht v. G. A. Universit. u. k. Ges. Gött. 1854, N. 16, S. 217.

Mitscherlich und **Berthier**, Soin Traité des essais pur la voie Sèche 1854, Bd. 1,
S. 433.

Kobell (v.), In Hochofen Schlacken. München Gel. Anzeig. 1844, Bd. 19,
S. 97—99. — Bullet. k. Ak. d. Wiss. zu München 1844, Nr. 34. —
N. Jahrb. f. Min. 1845, S. 107.

Hausmann (Fr.), Soc. R. Sc. Gotting. 1851. — Nachricht d. Götting. Univ.
u. d. k. Ges. d. Wiss. zu Götting. 1851, N. 16, S. 217. — Erdm. J. f.
prakt. Chemie 1852, Bd. 26 (N. F. Bd. 5), S. 186. — Ann. d. Chemie u.
Pharmac. 1852, Bd. 81 (N. F. Bd. 5), S. 219—226. — Polytechn. Centralbl. 1852, Nr. 9. — Berg- u. Hüttenm. Zeit. 1852, S. 786—788. —
L'Institut 1853, S. 131. — Edinb. n. phil. J. 1853, Bd. 55, S. 189.

Disthen. Sainte-Claire Deville (H.), 1861. (Siehe Willemit.)

Edelsteine. Brisson, Fontanieu (de) u. Cadet, Bericht über die Art Quarz,
Kalkspathkrystalle sammt feine gefärbte Edelsteine (nach Achard's Methode) zu erzeugen. Rozier's Obs. sur la Phys. 1780, Bd. 15, S. 407—409.

Marggraf, Versuche über Edelsteine ähnliche Verbindungen, dito 1783, Bd. 22,
S. 470—476.

Wiegleb (Joh. Christ.), Durch Fluorsäure. Crell's neueste Entdeckung 1781,
Bd. 1, S. 249.

Ebelmen, Edelsteine. (Roth und blauer Spinel, Corund, Chrysoberil, Smaragd,
Olivin, Chromeisen.) Ann. de Chim. et Phys. 1848, 3. F., Bd. 22, S. 211.
— Erdm. J. f. prakt. Chem. 1848, Bd. 43, S. 472. — N. Jahrb. f. Min.
1850, S. 457—458. — Phil. mag. 1847, Bd. 31, S. 311—313. — Americ.
J. of Sc. 1848, Bd. 5, S. 125.

Gaudin (A.), Untersuchung über schwer schmelzbare Materien und Folgen
daraus für die Mineralogie, Geologie und Hüttenb. C. R. Ac. d. Sc. P. 1848,
Bd. 26, S. 94. (Oriental. Rubis.)

Roheisen in Oktaëdern. Hochenegger, Leonhard's Hüttenprod. 1858, S. 248.
Buderus dito.

Gediegenes Eisen in Oktaëdern im Hochofen, Guyton-Morveau, N. Mem.
Ac. Sc. Dijon 1783, 1. Sem., Abh. N. 7. — Rozier's Obs. sur la Phys.
1784, Bd. 24. S. 327.

Hermann, dito 1792, Bd. 41, S. 371—372.

Jasche, Karsten's Archiv f. Bergb. 1825, Bd. 9, S. 201—209.

Noeggerath (Jak.), Schweigg. J. f. Chem. u. Phys. 1825, Bd. 44 (N. F.
Bd. 14), S. 251. — Ferussac's Bull. univ. Sc. nat. 1826, Bd. 9, S. 34.

Woehler, Pogg. Ann. Phys. 1832, Bd. 25, N. 9, S. 182. — Ann. d. Chim.
et Phys. 1832, Bd. 51, S. 206. — Ann. d. Min. 1833, 3. F., Bd. 3,
S. 360.

Schrötter, Eisenwürfel. Reduction aus Eisenchlorür mittelst Wasserstoffgas. **Mushet,** Edinb. n. phil. J. 1836. Bd. 21, S. 350. — N. Jahrb. f. Min. 1837, S. 123.

Cornual, Puddelage-Ofen. Berg. u. Hüttenw. Zeit. 1853, S. 240.

Wetherill (C. M.), In Schlacken. Proceed. Ac. Nat. Sc. Philadelph. 1854, Bd. 6, Nr. 11, S. 434.

Carnall (v.), Im Roheisen. Zeitschr. deutsch. geol. Ges. 1858, Bd. 10, S. 230.

Breithaupt und Plattner, Hervorbringung d. Widmannstädtenschen Figur. in einer Reihe von Eisen Heraëdren und Oktaëdren Leonhard's Hütt. 1858, S. 13.

Meteoreisen. Fischer (Joh. Konrad), Tagebuch einer zweiten Reise über Paris nach London und einige Fabriksstädte Englands in technolog. Hinsicht. Aarau 1816, 8°. — Keferstein's Deutschland 1828, Bd. 5, H. 2, Zeitung H. 5, S. 94. (Analog. d. Widmannstädtenschen Figuren mit denjenigen auf Damascener Stahl.)

Stoddart und Faraday, Quart. J. of Sc. L. 1820, Bd. 9, N. 18, S. 325. — Edinb. phil. J. 1820, Bd. 3, S. 405. — Leonhard's Hüttenprod. 1858, S. 252—253.

Eisenoxyde. Koch (Friedr.), Schwarzes Eisenoxyd, Beitrag zur Kenntn. krystall. Hüttenprod. 1822. — Ferussac's Bull. 1824, Bd. 1, S. 129.

Reduction des rothen Eisenoxydes durch die einzige Wärme. — **Hollunder.** Kastner's Arch. f. Naturl. 1327, Bd. 12, S. 325.

Mitscherlich. Pogg. Ann. Phys. 1829, Bd. 15, S. 630. Fig. — Ann. d. Min. 1832, 3 F. Bd. 1, S. 116. — Ferussac's Bull. 1829, Bd. 19, S. 245. — Quart. J. of Sc. L. 1830, Bd. 20. (N. F. Bd. 7.) S. 13 und 204.

Haldat, Lond. phil. Trans. 1831. — J. roy. Instit. Gr. Brit. 1831, Bd. 2, S. 188. — Ann. de Chim. et Phys. 1831, Bd. 46, S. 70. — Ann. d. Min. 1832, 3 F. Bd. 2, S. 323—324. — Bull. Soc. géol. Fr. 1834, Bd. 5, S. 89. — Ferussac's Bull. 1831, Bd. 24, S. 298. — Gornoi J. 1832, Nr. 8, S. 283. — Schweigg. J. d. Chem. u. Phys. 1831, A. R. Bd. 63, S. 382—383. — N. Jahrb. f. Min. 1833, Nr. 0, S. 680.

Hochofen N. Amerika's. Leonh. Tasch. f. Fr. d. Geol. 1845, Bd. 1, S. 70.

Thomae (C.), in einer eisern. römisch. Thüre. — Verh. von d. niederrh. Ges. f. Nat. u. Heilk. zu Bonn 1846, 5. Nov. — Jahrb. d. Ver. f. Naturk. d. Herzogth. Nassau 1846, Nr. 3, S. 196—203.

Madelung (Dr. H.), Sammt Eisenkies. — Jahrb. k. k. geol. Reichsanst. 1864, Bd. 14, Sitz. S. 8.

Kuhlmann, C. K. Ac. d. Sc. P. 1861, Bd. 52, S. 1285—1289. — L'Institut 1861, S. 214—216. — N. Jahrb. f. Min. 1861, S. 590—592. — Rev. univ. d. Mines de Liège 1861, Lief. 6, Abh. 9.

Rother Thoneisenstein stängeliger, durch Erdbrände, Duttweiler Pseudovulcan u. s. w.

Magneteisen od. **Eisenoxydul.** — Morveau, 1783 (vide supra).

Safstroem in Oktaëdern in Schweden.

Hausmann (Fr.), mit Kieselerde Moll's N. Jahrb. d. B. u. H. 1815, Bd. 3, S. 39—48.

Berthier (P.), Rives Hochofen. — J. d. Min. 1808, Bd. 23, S. 177.

Laurent (A.), und **Holms** (Ch.) in Hochöfen. — Ann. de Chim. et Phys. 1825, Bd. 30, S. 330. — N. Jahrb. f. Min. 1836, S. 372.

Pusch, Thoneisenstein durch brennende Braunkohle verwandelt. — Zeitschr. f. Min. 1826, Bd. 1, S. 533.
— zu Chatillon sur Seine, Glocker's Mineral. Jahresh. 1835, H. 5, S. 59.
Zinken zu Mägdesprung. Harz.
Weiss, Hochofen zu Ilsenburg. — Mitth. a. d. Verh. Ges. naturf. Fr. zu Berl. (1838) 1839, S. 6.
Wiser (Dav. Fried.), Roth Eisenoxyd in Oktaëd. Magneteis. zu Gonzen bei Sargans verwandelt. — N. Jahrb. f. Min. 1842, S. 517.
Thompson, Phil. Mag. 1842. — Bibl. univ. Genève 1842, Bd. 39, S. 201—202.
Hausmann, Nachr. d. G. Univers. u. d. Götting. Ges. 1852, S. 179.
Plattner, Bergmänn. Ver. zu Freiberg 1849, 4. Dec., 1854, 7. Nov., B. u. H. Zeit. 1852, S. 278, 1855, S. 128.
Durocher und Ebelmen (vide supra).
Scheerer, Freib. bergm. Ver. 1854, 7. Nov., B. u. H. Zeit. 1855, S. 111—112.
— Nachr. d. Univ. Götting 1855, N. 4, S. 35.
Plattner, Freib. b. Verein. 1856, Bergwerksfreund 1856. Bd. 19, S. 381—384.
Reich, Freib. bergm. Verein. 1858, 8. Febr., B. u. H. Zeit. 1859, S. 412.
Rammelsberg, sammt Magnoferrit des Vesuvs durch Sublimation. Monatsber. k. preuss. Ak. 1859, S. 362—363. — Pogg. Ann. Phys. 1859, Bd. 107, S. 451. — N. Jahrb. f. Min. 1859, S. 732. — Erdm. J. f. prakt. Ch. 1859, Bd. 77, S. 72—73.
Sainte-Claire Deville (H.), Durch Contactberührung mit Hydrochlor Gaz. Eisenoxydul und Protoxyd. Martit und Periclas Erz. — C. R. Ac. d. Sc. P. 1861, Bd. 53, S. 199—200. — L'Institut 1861, S, 260. — Erdm. J. f. prakt. Chem. 1861, Bd. 84, S. 122—123; 1862. Bd. 86, S. 41—44. — N. Jahrb. f. Min. 1862, S. 80—81.

Erdiges Magneteisen aus Rotheisenstein und rothem Thoneisenstein in Pseudovulcanen, Teplitz. — Pusch Zeitschr. f. Min. 1826, Bd. 1, S. 533.

Eisenperoxyd. — Bobbin, Prioritäts-Ansp. gegen Malaguti, Associat. of Chemie. discuss. L. 1859, 6. Jän. und 1860, 2. Jän. — Chemie. News, 1859, 10. Dec. — C. R. Ac. Sc. P. 1863, Bd. 56, S. 386. Antwort Malaguti's. Man kann nicht alles lesen und kennen, dito S. 467—468.

Lepidokrokit. — Schmidt, Rhein. Westphal. 1822, Bd. 1, S. 355.

Eisenglimmer oder **Glanz.** — Delarbre, Rozier's Obs. s. l. Phys. 1786, Bd. 29, S. 127—129.

Klaproth, Zerlegung. S. Beiträge 1810. Bd. 5, S. 222—229. — Moll's N. Jahrb. d. B. u. H. 1815, Bd. 3, S. 40—48; — auch Gay-Lussac.
Koch (Fr. K. L.), In gerösteten Spatheisenst. — Stud. d. Götting. Vereins bergm. Fr. 1824, Bd. 1, S. 369. — Fer. Bull. 1831, Bd. 26, S. 253—254; — auch Monticelli, Covelli und Scacchi.
Raab. — Kastner's Arch. f. Naturl. 1827, Bd. 11, S. 501—503.
Mitscherlich in Oranienburg. Töpferofen d. Vulcanisch. gleich. 1829. (Vide supra.) Pogg. Ann. Phys. 1832, Bd. 15, S. 630.
Noeggerath, Bildung mittelst Chlor, durch einen Brand in den Salzwerken zu Wieliczka bewiesen. Karsten's Archiv. f. Min. 1844, Bd. 18, S. 538. — N. Jahb. f. Min. 1844, S. 324 u. 822. — L'Institut 1846. S. 72. Chronique. —

Bibl. univ. Genève 1846, Archiv Bd. 1, S. 337. — Edinb. n. phil. J. 1845,
Bd. 39, S. 189. — Americ. J. of Sc. 1846, N. F. Bd. 1, S. 430.
Hunt (T. S.), Versuche, dito 1846, Bd. 2, S. 430.
Leonhard, Kohlenbrand zu Planitz. Hüttenprod. 1858, S. 268.
Drian, Wirkung von Chlorverbindungen auf eisenhältige Thonmassen d. Öfen,
Leonh. Hüttenprod. 1858, S. 269.
Hochstetter, Glaubersalz Calicinirofen zu Hruschau, dito S. 270. — Jahrb. k. k.
geol. Reichsanst. 1854, S. 894.
Haldat, Geglühte Eisendräthe mit Wasser in Berührung. Ann. de Chim. et
Phys. 1831, Bd.46, S. 70.
Senarmont, dito 1851, 3. F., Bd. 32, S. 129.
Becquerel, dito 1857, Bd. 49, S. 140.
Sainte-Claire Deville (H.), Vermittelst trockenem Hydrochlor. Gas. Neue Methode
d. künstl. Erz. von Glimmereisen und einigen Metalloxyden. C. R. Ac. d. Sc.
P. 1861, Bd. 52, S. 1264—1267. — L'Institut 1861, S. 206—208.
Kuhlmann, Erdm. J. f. prakt. Chem. 1862, Bd. 86, S. 29—31.
Bohneisenstein. Hühnefeld, Kastner's Archiv f. Naturl. 1825, Bd. 6,
S. 481.
Brauner Hematit. Pansner, Auf elektrischem Wege halb in Hematit,
halb in Eisenhydrat verwandelter Hammer. Taschenb. f. Min. 1817, Bd. 11,
Th. 1, S. 312.
Durch Wasser in gusseisernen Röhren. Edinb. n. phil. J. 1825, Bd. 13, S. 193.
— Quart J. of Sc. L. 1826, Bd. 20, S. 187.
Fournet (J.), Wasserreaction in Erzgängen. Bull. Soc. géol. Fr. 1846. N. F.,
Bd. 4, S. 250—252.
Eisenhydrat. Pansner, Aus Eisenkies, Beresov, Taschenb. f. Min. 1817,
Bd. 11, Th. 1, S. 312.
Haidinger (W.), Aus Spatheisenstein zu Pitten (Nied. Österreich.) N. Jahrb. f.
Min. 1848, S. 63—64 und auch Mittheil. Fr. d. Naturwiss. zu Wien 1848.
Kuhlmann (Friedr.), In Limonit verwandelte Kanonenkugel durch 100 Jahre
im Meerwasser liegen. C. R. Ac. d. Sc. P. 1859, Bd. 49, S. 975.
Bischoff (Gust.), Sammt Eisenocher in Säuerlingen. Schweigg. J. f. Chem. u.
Phys. 1833, Bd. 68, S. 420—438.
Madelung (Dr. A.), Mit Gypsbildung. Jahrb. k. k. geol. Reichsanst. 1864,
19. April, Bd. 14, S. 7—8.
Thoneisenhydrat durch Infusorien in Schweden. Geologist 1859, Bd. 2,
S. 496. — Watterville (Oskar), dito 1863, Bd. 6, S. 36.
Eisencarbur. Clark, Polyëdrisch krystallisirt zu Borrowdale. Ann. d. Min.
1823, Bd. 8, S. 166.
Eisenspath. Senarmont, Rhomboëdrisch. (Vide supra.)
Eisensilicate in tetragon. und rhomboid. d. Idokrase ähnlichen Krystalle im
Hochofen zu Louisenthal (Gotha.) Credner, Beschr. u. An. N. Jahrb. f. Min.
1837, S. 647—652.
Schwefeleisen verschiedener Beschaffenheit durch Berührung des Schwefel-
wasserstoffes mit Eisenoxyd, Eisenoxydhydrat, Spatheisenstein u. s. w.
Wisemann, In einem Teiche. Lond. phil. Trans. f. 1798.

Berzelius (Jak.), C. R. Ac. d. Sc. P. 1826. — Ann. d. Min. 1827, N. F., Bd. 1,
S. 149—150. — Karsten's Archiv f. Bergb. 1827, Bd. 14, S. 450—451. —
Jahresbericht an der Stockh. Ak. v. Berzelius deutsch übers. S. 163.
Karsten, In Hochöfen. Karsten's n. Archiv f. Min. 1844, Bd. 18, S. 279—288.
— N. Jahrb. f. Min. 1845, S. 467—468.
Eisenkies. **Razumovski** (Graf Greg.), Mém. Soc. Sc. phys. Lausanne 1789,
Bd. 2, Hist. S. 50.
Bischof(G.), Durch Mineralwässer. Schweigg. Seidel N. Jahrb.f.Chem. u.Phys.1832,
II. 7, S. 577; Bd. 4, S. 376—409. — N. Jahrb. f. Min. 1833, S. 94 u. 355—357.
Woehler, Ann. d. Chim. u. Pharm. 1836, Bd. 17, S. 260. — Pogg. Ann. Phys.
1836, S. 37 u. 238—239. — Ann. d. Min. 1837, 3. F., Bd. 12, S. 250—251.
Plattner, Amalgamir-Rückstand. Leonhard's Hüttenprod. 1858, S. 357.
Bischof, Auf nassem Wege. Lehrb. d. Physik u. Chem. Geolog. 1847, Bd. 1,
S. 917—935.
Durocher, Eisenchlorid und Schwefelwasserstoff unter hoher Temperatur. (Vide
supra.)
Eisenstatue in Graphit und Eisenkies verwandelt. Breslau. Schlesische. Ges.
1830. Kastner's Archiv f. Naturl. 1831, Bd. 21, S. 93.
Eisensinter. Zersetzung des Mispickel.
Phosphorsaures Eisen. Verwitterung des Eisenkies und Spatheisen-
steines. **Romé de Lisle**, Rozier's Obs. sur la Phys. 1780, Bd. 16, S. 245—256.
Vivianit in thierischen Körpern. **Schlossberger**, Würtemb. naturwiss. Jahresh. 1847.
Bd. 3, S. 130—132. — Ann. d. Chem. u. Pharm. 1848, Bd. 72, S. 382. —
N. Jahrb. f. Min. 1848, S. 574—575.
Spathisches und erdiges Eisenblau. Neues Erzeugniss aus Eisenkies. **Vogel**,
Gilbert's Ann. Phys. 1818, Bd. 59, S. 179—180.
Ulex, N. Jahrb. f. Min. 1851, S. 55—59.
Titaneisen mit Titan in der Königshütte (Ob.-Schlesien.) **Hünefeld**, Schweigg.
Jahrb. d. Chem. u. Phys. 1827, Bd. 20. (A. R. Bd. 50), S. 332—342. —
Phil. mag. 1828, Bd. 3, S. 121—126.
Eisenvitriol. **Becquerel**, Auf Gyps aus Eisenkies-Verwitterung. Le Globe
1830, N. 24, S. 93. — Kastner's Archiv f. Naturl. 1830, Bd. 21, S. 160.—167.
Blei- und Eisenmischung im Hochofen. **Sonnenschein** (Fr. L.), Zeitschr.
deutsch. geolog. Ges. 1855, Bd. 7, S. 664.
Epidot ähnliche Schlacke. Leonhard's Hüttenprod. 1858, S. 24.
Feldspath. **Berzelius** (Jak.), Mit einer Excess von Kieselerde. Afh. i. Fys.
Kemi och Min. 1817, Bd. 5, S. 500.
Hausmann, Andeutung in der Mannsfelder Kupferhütte. Norddeutsch. Beiträge
z. Berg- u. Hütt. 1810, H. 4, S. 86, und Reise nach Skandinavien 1812,
Bd. 2, S. 22.
Rose (Gust.), Kritische Bemerkungen. Zeitschr. deutsch. geol. Ges. 1864,
Bd. 16, S. 35, adnot.
Monticelli und **Covelli**, Prodromo della Mineralog. Vesuv. 1825, Bd. 1, S. 346.
Sublimat. d. glasigen Feldspath, Albit u. Anorthit.
Karsten (Karl), Pogg. Ann. Phys. 1834, Bd. 33, S. 336; adnotat Mitscherlich's
S. 340. — N. Jahrb. f. Min. 1835, S. 31—35. — Ann. de Chim. et Phys.

1834, Bd. 37, S. 219—223. — Ann. d. Min. 1835. N. F. Bd. 7, S. 503 bis 504. — Edinb. n. phil. J. 1835, Bd. 18, S. 400. — Americ. J. of Sc. 1835, Bd. 28, S. 290.

Zimmermann, Karsten's Archiv f. Min. 1834, N. F. Bd. 8, S. 225—229. — N. Jahrb. f. Min. 1835, S. 342—343.

Heine, In der Sangerhausen Kupferhütte. Pogg. Ann. Phys. 1835, Bd. 34, S. 531—534. — N. Jahrb. f. Min. 1836, S. 76—79.

Breithaupt, N. Jahrb. f. Min. 1836, S. 47.

Cagniard de Latour, Kalkhaltige Feldspathe so wie Marmor auf nassem und elektro-chemischem Wege. C. R. Ac. Sc. P. 1837, Bd. 4, S. 956—958.

Hausmann, Edinb. a. phil. J. 1838, Bd. 24, S. 65—85. — Seine Beiträge zur metallurgischen Krystallk. 1852, S. 44. — Stud. Götting. Verein bergm. Fr. 1847, Bd. 6, S. 353.

Zinken, Stollberg, Bergwerksfreund 1847, Bd. 10, S. 15.

Morlot (Adolph), Mitth. d. Fr. d. Naturw. zu Wien 1848, Bd. 4, S. 431.

Ulrich, 1851. (Vide supra.)

Dietrich, Löslichkeit der feldspathisch. Bestandtheile in Wasser und besonders in Wasserdünste der Luft. Erdm. J. f. prakt. Chem. 1858, 5. F., Bd. 74, S. 129.

Daubrée, Vermittelst Chlorgas. (Vide supra.) — Auch Delesse's Schrift über Metamorphismus und Bildungsart der Felsarten. 1857—1858. — Bull. Soc. géol. Fr. 1859, Bd. 15, S. 728, auch 1859, Bd. 16, S. 419—420. — Bibl. univ. Genève 1860, 5. F., Bd. 7, S. 190—199. — Geologist. 1859, Bd. 2, S. 206—207.

Jenzsch (G.), Sanidinkrystalle im Thone der verwitterten Melaphyre zu Zwickau, Sachsen, C. R. Ac. Sc. P. 1859, Bd. 18, S. 287.

Breithaupt, Auf nassem Wege. Berg- und Hüttenm. Zeit. 1861, S. 198.

Fluorsäure enthaltende Mineralien. Daubrée (A.), Apatit, Topas und andere chem. ähnliche Mineralien. Bull. Soc. géol. Fr. 1851, Bd. 8, S. 347 bis 350. — C. R. Ac. d. Sc. P. 1851, Bd. 32, S. 625—627. — Mém. Savans étrangers Ac. Sc. P. Bd. 13. — Ann. d. Min. 1851, 4. F., Bd. 19, S. 684— 706. — N. Jahrb. f. Min. 1851, S. 710—711. — Erdm. J. f. prakt. Chem. 1851, Bd. 53, S. 132—136. (Siehe phosphorsaurer Kalk.)

Fornacit in einem Kalkofen. **Rainsch** (H.). Erdm. J. f. prakt. Chem. 1840, Bd. 25, S. 110—116. — Ann. d. Min. 1842, 4. F., Bd. 2, S. 444.

Franklinit. **Ebelmen**. (Vide supra.)

Fulgurit. **Clarke** (Edw., Dan.), Mittelst Verbrennung durch die comprimirten gasartigen Wasserbestandtheile. Ann. of phil. 1817, Bd. 9, S. 91.

Beudant, Hachette, Savart, Mittelst elektrischen Batterien. Ann. d. Chim. et Phys. 1828, Bd. 37, S. 319—321. — Schweigg. J. d. Chem. u. Phys. 1828, Bd. 53, S. 238—240. — Zeitschr. f. Min. 1828. S. 942. — Phil. mag. 1828, Bd. 4, S. 228. — Edinb. n. phil. J. 1828, Bd. 5, S. 199—200.

Gahnit. **Ebelmen**, In Oktaëder. Ann. d. Min. 1852, 5 F., Bd. 2, S. 339.

Galena. (Siehe Blei.)

Gehlenit. **Percy** (J.), Oldbury Hochofen. Report 16 Meet Brit. Assoc 1847, S. 351.

Glimmer. Nauwerk, Neuerer Gl. Crell's chem. Ann. 1786, Bd. 1, S. 309 bis 316.

Bredberg, Jern kontorets Annaler 1826, Bd. 10, S. 155.

Monticelli und **Covelli,** Storia del Vesuvio, 1821—1822 u. Prodromo Min. Ves. Bd. 1, S. 368.

Scacchi und **Philippi.** (Vesuv.)

Leonhard, N. Jahrb. f. Min. 1854, S. 129—137. u. seine Abhandlung über Hüttenproducte 1858.

Mitscherlich, Im Hochofen 1833, 1836. (Vide supra Allgemeines.)

Cotta, Leonhard's Hüttenprod. 1858, S. 231.

Bischof, Auf nassem Wege. Lebrb. d. Chem. Geol. 1847, Bd. 2, S. 1373.

Gediegenes Gold. Tiffereau, Durch Oxidirung d. geschwelfte Metall. C. R. Ac. d. Sc. P. 1858, Bd. 46, S. 896, nur Titel.

Graphit. Boussnel, Im Hochofen. J. d. Min. 1812, Bd. 31, 151.

Henry (Dr.), Verwandlung gusseiserner Röhren in Graphit. Ann. of phil. 1815, N. F. Bd. 5, S. 66.

Hausmann, Speeim. crystallogr. metallurgic. Götting. 1818, u. De usu Exp. u. s. w. 1837, u. zu Dannemora, Reise in Skandinavien.

Silliman (Benj.), Theilw. Verwandlung von Kanonenkugeln in Graphit. Americ. J. of Sc. 1821, Bd. 4, S. 178—180. — Edinb. phil. J. 1822, Bd. 6, S. 387; u. Bd. 7, S. 391. — Froriep's Notiz 1821, Bd. 3, S. 344. — Mitth. d. k. k. mähr.-schles. Ges. 1826, Bd. 6, S. 120. — Beckmann's Gesch. d. Entdeckungen, aus d. Engl. übers. Bd. 4, S. 243.

Macculloch (J.) Verw. von Gusseisen. Edinb. phil. J. 1822, Bd. 7, S. 197—204. Verwandlung von eisernen Kugeln im Graphit nach 42jährigem Aufenthalt in feuchtem salzigem Boden. Ann. of phil. 1822, Bd. 20, S. 77.

Herapath, In Gasretorte. Phil. mag. 1823, Bd. 61, S. 423. — Quart. J. of Sc. L. 1825, Bd. 16, S. 162.

Conybeare (J. J.), In Kohlen Gasretorte. Ann. of. phil. 1823, A. F., Bd. 21. N. F. Bd. 5, S. 50—53. — Quart. J. of. Sc. 1823, Bd. 15, S. 159. — Ann. d. Min. 1824, Bd. 9, S. 196. — Ann. de Chim et Phys. 1824, B. 21, S. 218.

Colquhoun, dito. Quart. J. of Sc. L. 1825, Bd. 22, S. 204.

Monticelli und **Covelli,** Am Vesuv selten. Prodromo. Miner. Ves. 1825, S. 75.

Dobereiner, K. hlen- und Eisenmischung unter grosser Ofenhitze. Schweigg. J. d. Chem. u. Phys. 1826, Bd. 25 (durch Bunsen u. Davy wiederholt).

Bischof, zu Mägdesprung und Wilhelmshütte bei Schussenried, Würtemberg u. Bieber. Leonh. Hüttenprod. 1858, S. 312 u. 315.

Stengel, Eisen-Hochöfen. Karsten's Arch. f. Bergb. 1826, Bd. 13, S. 232; 1827, Bd. 15, S. 177—197; 1828, Bd. 17, S. 118—127. — Feruss. Bull. 1830, Bd. 21, S. 418.

Payen, Fer. Bull. Oct. 1828, Baumgartner's. Wien. Zeitschr. f. Phys. 1829, A. F. B. 5, S. 383.

Chauvin u. **Endes-Deslongchamps,** Eiserne Kugel, äusserlich Graphit in der See nach 140 Jahren geworden. Ann. d. Min. 1836, 3. F., Bd. 9, S. 508.

Berzelius (Jak.), Gr. als Zersetzungsproduct d. Gusseisen durch Meerwasser. Chem. Lehrb. 1831, C. R. Ac. d. Sc. P. 1861, Bd. 52, S. 1317.

Schafhäutl, Erdm. J. f. prakt. Chem. 1839, Bd. 17, S. 137. — Phil. mag. 1839, 3. F., Bd. 15, S. 420—421.

Fizeau u. **Foucault** (Verwitt. Kohle unter hoher Temperat. Ann. d. Ch. et Phys. 1843, 3. F., Bd. 11, S. 370. — Pogg. Ann. Phys. 1844, Bd. 63, S. 475 bis 476

Engelhardt, Im Hochofen f. Bohnerz, Niederbronn Elsass. — Ann. d. Min. 1843, 4. F., Bd. 4, S. 429 (hatte schon im J. 1820 diese Beob. gemacht).

Fehling, Eisenschlacken. Würtemb. naturw. Jahresh. 1846, Bd. 2, S. 255. — N. Jahrb. f. Min. 1847, S. 593.

Drouot, Zerlegung, Schlacken mit Graphitlamellen, Hütte-Blei, Gemeinde Axel, Haute-Saone. — Ann. d. Min. 1844, 4. F., Bd. 6, S. 553.

Jasche, Ilsenburg, Hochofen, Leonhard's, Hüttenprod. 1853, S. 306.

Brookedon (W.), Dicht. Graphit mittelst pulverisirten. — Quart. J. géol. Sc. L. 1846, Bd. 2, S. 31—32.

Leonhard (C. C. v.), N. Jahrb. f. Min. 1856, S. 398—417.

Dechen (H. v.), Graphitblätter in der Saynerhütte. Verh. d. naturf. Ver. Preuss. Rheinl. 1859, Bd. 16. Sitzung S. 98.

Tunner (P.), In Eisenschlacken u. Analys. Berg- und Hüttenm. Jahrb. d. k. k. montan. Lehranst. zu Leoben 1861, Bd. 10, Abh. 10. — Berg- u. Hüttenm. Zeit. 1861, S. 314—315.

Osann (F.), In Puddelage-Eisenofen-Schlacken. Berg- und Hüttenm. Zeit 1861, S. 329.

Calvert (F. C.), n. Graphitoid. Verbindung aus Gusseisen u. An. C. R. Ac. d. Sc. P. 1861, Bd. 52, S. 1315—1317.

Pauli (P.), Mem. lit. s. philos. Soc. of Manchester 1862, 3. F., Bd. 2.

Granat. Mitscherlich, Pogg. Ann. Phys. 1834; N. F. Bd. 33, S. 340.

Scacchi, Melanit, Vesuv, Granat dito.

Sainte-Claire Deville, 1861. (Siehe Willemit.)

Daubrée. (Vide supra.)

Greenokit. **Schüler** (C. L. E.), Über die künstl. Darst. d. Gr. u. einiger anderer Cadmiumverbindungen. Göttingen 1853, 8°. — Ann. d. Chem. u. Pharmac. 1853, Bd. 87 (N. F. Bd. 11), S. 34—57.

Soechting (E.), Zeitschrift für die gesammte Naturwissenschaft. Berlin 1853, Bd. 1, H. 4, S. 346.

Hausmannit. **Kuhlmann**, 1862. (Siehe Eisenglimmer.) **Daubrée.** (Siehe im Allgemeinen.)

Hornblende. **Scheerer** u. **Bischof**, Mägdesprung Hochofen. Prod. 1853, S. 7.

Scacchi, Vesuv, Prodromo 1825. Bd. 1, S. 196. — **Davy.** (Vesuv, sublimat.)

Humboldtit. **Döbereiner**, Photometrisches Mittel. Schweigg. Jahrb. d. Chem. u. Phys. 1831, Bd. 2. — Ann. d. Min. 1832, 3. F., Bd. 2, S. 321—322.

Percy, Synom. Mellilith. L'Institut 1848, S. 65.

Hausmann (Walcz.), Beitrag zur metallurg. Hüttenk. 1850, S. 41. — Auch von Rammelsberg.

Hyalit. **Ebelmen**, C. R. Ac. d. Sc. P. 1847, Bd. 25, S. 854—856. — L'Institut 1847, S. 398. — Americ. J. of Sc. 1848; N. F., Bd. 5, S. 413.

Hyalosiderit in Eisenschlacken und Anal. **Hausmann** (Fr.), Comment. Soc. R. Sc. Gott. f. 1816—1818, Bd. 4, S. 3—58 u. Taf.. — Leonhard's Jahrb. f. Min. 1824, Bd. 18, Th. 1, S. 56—60.

Hydrocarbonate, sowohl erdige als metallische. **Damour**, C. R. Ac. d. Sc. P. 1857, Bd. 44, S. 561—563.

Hydrophan, so wie durchsichtiger Quarz, **Ebelmen**, C. R. Ae. d. Sc. P. 1845, Bd. 21, S. 502 u. 527—528. — Ann. d. Min. 1845, Bd. 8, S. 149 bis 150. — L'Institut 1845, S. 302 u. 310. — Pogg. Ann. Phys. 1845, Bd. 66, S. 457—458. — Erdm. J. f. prakt. Chem. 1846, Bd. 37, S. 58—60. — N. Jahrb. f. Min. 1845, S. 832. — Phil. mag. 1845, Bd. 27, S. 182 u. 404 bis 405. (Siehe also Hyalit.)

Langlois, Geologist L. 1858, Bd. 1, S. 399—400.

Hypersthen. **Hausmann**, Eisenoxydul-Bisilicatschlacke. Seine Beiträge. 1850, S. 33.

Idokras in Eisenschlacken. **Zincken**, Zeitschr. f. Min. 1829, H. 6, S. 425.

Credner, 1837. (Siehe Eisensilicate.)

Mitscherlich u. **Daubrée**. (Vide supra.)

Studer (B.), Lehrbuch d. physikal. Geogr. u. Geologie 1844, S. 12.

Kalkspath. **Brison**, **Fontanieu** u. **Cadet**, J. d. Phys. 1780, Bd. 15, S. 407—410. (Gegen Achard.)

Achard, Versuche von künstl. Erz. Kalkspath u. Quarz. Rozier's Obs. sur la Phys., 1780, Bd. 15, S. 407—432.

Rasumovski (Graf Greg.), dito 1785, Bd. 26, S. 449.

Daniel (J. F.), Ann. d. Chim. 1791 oder 1819, Bd. 10, S. 219.

Silliman, Bildung in einer Flasche d. Saratogaer Mineralwasser. Americ. J. of Sc. 1822, Bd. 5, S. 405.

Haig, Bildung in einer Flasche Saratogaer Mineralwasser. Edinb. phil. J. 1823, Bd. 8, S. 402. — Zeitsch. f. Min. 1825, Bd. 2, S. 384.

Palouse, Auf elektrochemischem Wege. Ann. d. Ch. et Phys. 1831, Bd. 48, S. 301. — Ann. d. Min. 1832, 3. F., Bd. 2, S. 315—316.

Gaudin, Sammt kohlens. Baryt. C. R. Ac. d. Sc. P. 1837, Bd. 5, S. 802—803.

Chaix, Im Dampfkessel. dito 1838, Bd. 7, S. 948.

Breithaupt, in Rhomboëdern, 2 R. in 4 J. in den Lobensteiner Bergwerken. Bergm. Verein zu Freiberg 1843, 1. März. — B. u. Hüttenm. Zeitschr. 1852, S. 260.

Davy (John), Inkrustat. im Dampfkessel. Edinb. n. phil. J. 1850, Bd. 49, S. 250—253.

Becquerel, dito 1853, Bd. 55, S. 190.

Kohlensaure Kalkkugel mit Kohlengas in ihrem Innern.
Blake, Americ. J. of Sc. 1842, Jän. Bd. 42. — Ann. d. Min. 1843, 4. F. Bd. 3, S. 717. — Bibl. univ. Genève, Archiv. 1842, Bd. 40, S. 186.

Kalkspath. Kreide u. Arragonit. **Rose** (Gust.), Ermittelung der besonderen Umstände der Bildung dieser chemischen Verbindungen unter diesen drei heteromorphischen Formen. Monatsber. d. k. preuss. Ak. d. Wiss. Berlin 1860, S. 370—372 u. 575—588. — Pogg. Ann. Phys. 1860, Bd. 111, S. 156—164. Bd. 112, S. 43—58. — Americ. J. of Sc. 1861, N. F. Bd. 32, S. 112. — Zeitschr. deutsch. geol. Ges. 1860—1861, Bd. 12, Sitzb. S. 370, Bd. 13, S. 9. — N. Jahrb. f. Min. 1860, S. 709. (Siehe Arragonit.)

Favre (P. A.) u. **Silbermann** (J. F.), Soc. philomat. P. 1847, S. 97—98.
Breithaupt, Abwechselnde Streifen Arragons u. Kalkspath in einem Bergwerke. Stalaguit. Pogg. Ann. Phys. 1841, Bd. 54, S. 156. — N. Jahrb. f. Min. 1842, S. 851. — Rivière's Ann. Sc. géol. 1842, S. 295.
Davy (John), Edinb. u. phil. J. 1845, Bd. 38, S. 342—344.
Phosphorsaurer Kalk. Daubrée, Apatite. C. R. Ac. d. Sc. P. 1851, Bd. 32, S. 625—627. — L'Institut Ann. d. Min. 1851. 4. F., Bd. 19, S. 625 bis 627 u. 654. — Erdm. J. f. prakt. Chem. 1851, Bd. 53, S. 123. — Berg- u. Hüttenm. Zeit. 1851, S. 685—688. — Ann. d. Chem. u. Pharm. 1850, Bd. 86, S. 221. — Quart. J. geol. Soc. L. 1853, Bd. 9, Auszug S. 31. (Kalk in Chlorphosphor erhitzt.)
Manross, Experiments. Göttingen 1852. Schmelzung des Natronphosphats und Calciumchlorurs.
Forchhammer, Ann. d. Chem. u. Pharm. 1854, Bd. 90; N. F. Bd. 14, S. 77 bis 90, 332—338. — N. Jahrb. f. Min, 1855, S. 100—104.
Briegleb, Ann. d. Chem. u. Pharmac. 1856, Bd. 97, S. 95.
Sainte-Claire Deville (H.), C. R. Ac. d. Sc. P. 1858, Bd. 47, S. 987. — Erdm. J. f. prakt. Chem. 1859, Bd. 76, S. 412—415. — Phil. mag. 1850, 4. F., Bd. 17, S. 128—131.
Schwefelsaurer Kalk in Dampfkesseln. Johnston (J. F. W.), Phil. mag. 1838, Bd. 13, S. 325—329. — N. Jahrb. f. Min. 1839, S. 188.
Marquart, Verhandl. d. niederrh. Ges. f. Nat. u. Heilk. 7. April 1858. — N. Jahrb. f. Min. 1859, S. 819—820.
Kaolin, Versetzter Feldspath.
Kieselerde (S. Silica). **Kieselschmelz.** Koch's Beiträge 1822, S. 41 (vide infra.)
Karbonate d. Kalk, Strontian, Baryt, Mangan, auf nassem Wege. — Bischof Chem. physik. Geologie 1847. Bd, 1, S. 402—456.
Kohlenstoff. Ann. d. Chem. u. Pharm. 1853, Bd. 88; N. F. Bd. 12, S. 226.
Kohle in Eisen-Hochöfen. Bouesnel, J. d. Min. 1812, N. 182, Bd. 31, S. 151—154.
Gay-Lussac, Im Porcellanofen. Ann. de Chim. et Phys. 1818, Bd. 4, S. 67. — Ann d. Min. 1818, Bd. 3, S. 391.
Colquhoun, Pechkohle (?) in der Stahlzubereitung mittelst Kohlenwasserstoff. Ann. of Phil. 1826, Bd. 12, S. 1. — Pogg. Ann. Phys. 1829, Bd. 16, S. 171 adnotat.
Cohen (C. C. C.), Durch alkoholische Dünste. Americ. J. of Sc. 1831, Bd. 20, S. 167. — N. Jahrb. f. Min. 1836, S. 606.
Cagniard-Latour, Versuche. C. R. Ac. d. Sc. P. 1847, Bd. 25, S. 81.
Merian (P.), Niederbronner Hochöfen. Bericht. Verhandl. naturw. Ges. zu Basel f. 1850, 1851, Bd. 9, S. 29—30.
Arsenikeaures Kobaltoxyd. Gentele und Svanberg. (Vide Chromoxyd, Erdkobalt aus Speiskobalt.)
Kohlensaures Kobaltoxydul. Senarmont, Leonh. Hüttenprod. 1858, S. 395.
Korund. Gaudin u. Malaguti, C. R. Ac. d. Sc. P. 1837, Bd. 4, S. 999—1000.
Ebelmen, Durch Solution mittelst Borsäure unter der Porcellanofenhitze, dito 1850, Bd. 30, S. 386. — Ann. d. Min. 5. F., Bd. 2, S. 366.
(Boué.)

Senarmont, Auf nassem Wege. C. R. Ac. d. Sc. 1851, Bd. 32, S. 762—763. — L'Institut 1851, S. 163. — N. Jahrb. f. Min. 1852, S. 216. — Edinb. n. phil. J. 1852, Bd. 52, S. 329—330. — Phil. mag. 1851, 4. F., Bd. 2, S. 161.

Gediegenes Kupfer. Clement, Auf nassem Wege. Bull. Soc. philomatiq. P. 1824, S. 143. — Ann. of phil. 1825, Bd. 25, S. 228—229.

Davy (J.), 1825. (Siehe Elektrochem. Era.)

Mallet, Sammt schwefelsaurem Eisen auf galvanischem Wege in den Erdstollen der Cronebaner Bergwerke. Grafsch. Wicklow, Irland. Brit. Associat. Liverpool 1837. — L'Institut 1838, S. 244. — N. Jahrb. f. Min. 1838, S. 544.

Spencer, Brit. Assoc. Birmingham 1839. L'Institut 1839, Bd. 7, S. 380. — N. Jahrb. f. Min. 1840, S. 240.

Haidinger (W.), Sammt Eisen als Netzwerk durch Schmelzung. Jahrb. k. k. geol. Reichsanst. 1850, Bd. 1, S. 151. — N. Jahrb. f. Min. 1854, S. 187 bis 188.

Woehler, Mittelst Phosphor. Ann. d. Chem. u. Pharm. 1851, Bd. 79, S. 126. — Phil. mag. 1852, 4. F., Bd. 3, S. 77.

Cotta, In Schlacken, Reschitzer Kupferwerk Banat. Bergm. Verein zu Freiberg, 10. Nov. 1857, Berg- u. Hüttenm. Zeitschr. 1858, S. 107.

Mallet (J. W.), Americ. J. of Sc. 1860; N. F. Bd. 30, S. 253.

Reuss, Aus dem Kupferkies, Graslitz. Lotos 1860, Bd. 10, S. 135. — N. Jahrb. f. Min. 1861, S. 181.

Kupferoxyd. Haule, Vers. d. deutsch. Naturf. zu Freiburg 1838. — Isis, 1839, S. 810. — N. Jahrb. f. Min. 1841, S. 746.

Kersten (Ch.), Ann d. Min. 1840, 3. Fr., Bd. 17, S. 650.

Semmola, Tenorite, Vesuv. Bull. Soc. géol. Fr. 1842. Bd. 13, S. 210.

Mallet (J. W.), Kupferdioxid, Americ. J. of Sc. 1860; N. F., Bd. 30, S. 253.

Kupferschwärze von Kupferkies u. s. w.

Kupferoxydul. Gellert, Bergmänn. J. 1790, Bd. 1, S. 146—148.

Noeggerath, Auf einem römischen Kupfergefässe. Rheinland-Westphalen 1824, Bd. 3, S. 231—235. — Ferussac's Bull. 1825, Bd. 5, S. 212. — Schweigg. J. d. Chem. u. Phys. 1825, Bd. 43, S. 129—136.

Mitscherlich (vide supra). Edinb. phil. J. 1825, Bd. 13, S. 352. — Ferussac's Bull. 1825, Bd. 8, S. 36—37.

Davy (John) (siehe elektro-chemische Wirkung). — Hausmann, 1829 dito. — Monticelli u. Covelli in Laven.

Boettger (R.), Auf nassem Wege. Ann. d. Chem. u. Pharm. 1841, Bd. 30, S. 176—189.

Kersten, Pogg. Ann. Phys. 1830. N. F. Bd. 19, S. 358.

Mallet (J. N.), Erdm. J. f. prakt. Chem. 1861, Bd. 84, S. 63.

Hausmann (F.), Durch Veränderung des Fahlerzes, Taschenb. f. Min. 1817, Bd. 11, Th. 2, S. 262. — 1829 (vide supra Elektrochemie.)

Davy (John), 1825.

Malachit. Colin u. Taillefert. Ann. de Chim. et Phys. 1819, Bd. 12, S. 6?. — Ann. d. Min. 1820, Bd. 5, S. 169—170. — Schweigg. J. f. Chem. und Phys. 1825. — Edinb. phil. J. 1825, Bd. 13, S. 353.

Schleiden (E.), Auf Holz. Mexiko. — N. Jahrb. f. Min. 1834, S. 34. — Auf einen Menschenschädel zu Beauvais. Ausland 1836, S. 1084.
Houzeau Muiron, Bull. Soc. géol. Fr. 1835, Bd. 6, S. 310.
Rose (H.), Preuss. Akad. B. Oct. 1851. — Edinb. n. phil. J. 1853, Bd. 55, S. 90; 1854, Bd. 57, S. 179. — Americ. J. of Sc. 1852; N. F. Bd. 14, S. 424.
Becquerel, Ac. d. Sc. P. 1853 (vide supra) u. Elem. d'électrochimie 1844. — Edinb. n. phil. J. 1853, Bd. 55, S. 190.
Debray, Erdm. J. f. prakt. Chem. 1861, Bd. 84, S. 189—191.
Atacamit. Field (Fr.), Mining J. 1859, 12. Febr. — Erdm. J. f. prakt. Chem. 1859, B. 76, S. 255. — Berg- u. Hüttenm. Zeit. 1859, S. 176.
Salzsaures Kupfer auf Vesuv. Laven in d. J. 1804, 1805, 1820 und 1822 sublimirt.
Davy (John), (siehe elektrochemische Wirkung).
Arsenikeaures Kupferoxyd in sechsseitigen Tafeln. **Hausmann**, Beiträge 1820, S. 49.
Kupferkies. Fox, 1837. (Siehe Elektrochemie.)
Hausmann, Nachricht v. d. Götting. Universit. u. s. w. 1852, Nr. 12, S. 177.
Ulrich, Berg- u. Hüttenm. Zeit. 1854, S. 97.
Scheerer, Bergm. Verein zu Freiberg, 1855, 6. Febr. — Berg- u. Hüttenm. Zeit. 1855, S. 303.
Cotta u. **Plattner**, Im Flammenofen d. Muldener Hütte, Freiberg.
Daubrée, Durch Plombières thermal. Wässer 1857, so wie durch diejenigen therm. Schwefelwasser zu Bagneres de Bigorre. Bull. Soc. géol. Fr. 1859, Bd. 16, S. 562 u. 1862, Bd. 19, S. 529.
Reich, Bergm. Verein zu Freiberg. 1858, 8. Febr. — Berg- u. Hüttenm. Zeit. 1859, S. 412.
Kupfersulfit. Bourson, Ac. d. Sc. P. 1841, 6. Dec. — L'Institut 1841, S. 426.
Brochantit oder **Kupfersubsulfat. Becquerel**, Edinb. n. phil. J. 1853, B. 55, S. 190.
Kupferglimmer. Hüttenprod. **Hausmann** (Fr.) u. **Stromeyer**, Schweigg. J. f. Chem. u. Phys. 1817, Bd. 19, S. 241—261. — Karsten's Archiv f. Bergb. 1818, Bd. 1, S. 180—191. — Ann. d. Min. 1820, Bd. 12, S. 524—528. (Kupfer u. Antimon.)
Buntkupfererz. Lipold, Agordo. Bericht über die Mittheil. d. Fr. d. Naturwiss. in Wien, 1847, Bd. 1, S. 11.
Kupferglanz u. **Glas. Gellert**, Anfangsgründe der metallurg. Chemie 1776, S. 62.
Hunt, Elektrische Umwandlung des doppelschwefelsauren Kupfers in Kupferglanz. Phil. mag. 1841, Bd. 19, S. 442—445. — Bibl. univ. Genève 1842, Bd. 38, S. 183—184.
Scheerer, Freiberger Flammenofen. — **Durocher**, Sechsseitige Tafeln. (Vide supra.)
Fahlerz. Elektrische Umwandlung d. gelben Kupferkies. **Fox**, Brit. Assoc. 1836, Bristol. — Edinb. n. phil. J. 1836, Bd. 21, S. 342. — Americ. J. of Sc. 1837, Bd. 31, S. 355.

Durocher, Antimonialglattung. (Vide supra.)
Kieselkupfer. Zimmermann, Hamburger Brand. (Vide supra.)
Pilla (Leop.), C. R. Ac. d. Sc. P. 1845, Bd. 20, S. 814—816.
Delesse (Ach.), Hydrosilicat. Ann. d. Min. 1846, Bd. 9, S. 604—606. — Bull. Soc. géol. Fr. 1846. N. F. Bd. 3, S. 427—440.
Kupferschaum. Zerlegung des Arsenik Fahlerz. **Sandberger** (Fridol.). N. Jahrb. f. Min. 1850, S. 190.
Kupfervitriol. Cementwasser alter Stollen. **Pilla** (Leop.), C. R. Ac. d. Sc. P. 1845, Bd. 20, S. 816. — Leonh. Taschenb. f. Fr. d. Geolog. 1845, S. 37.
Weisskupfer, Hollunder zu Suhla. Kastner's Archiv. f. Naturl. 1827, Bd. 11, S. 220.
Libethenit u. **Olivenit.** Debray, 1859. (Vide supra.)
Verschiedene Kupfererze. Vivian, Swansea Hochofen. Ann. of phil. 1823. N. F. Bd. 5, S. 113.
Delesso (Ach.), Durch Verwitterung und Zerlegung 1846. (Vide supra.)
Knop (A.), Kupferoxyd, Schwefelkupfer u. s. w. N. Jahrb. f. Min. 1861, S. 327 bis 549.
Eigenes Kupferproduct aus der Silberhütte zu Frankenscharn (Harz). **Nolte.** Berg- u. Hütterm. Zeit. 1860, S. 185.
Levyn. Sainte-Claire Deville (H.), C. R. Ac. d. Sc. P. 1862, Bd. 54, S. 324 bis 327. — L'Institut 1862, S. 101—102.
Magnesiahydrat. Rees, Phil. mag. 1837. — Ann. d. Min. 1838, 3. F., Bd. 13, S. 421—422.
Magnesit. Bertollo, Atti. Soc. Geolog. in Milano 1857, Bd. 1, Th. 2, S. 52 bis 53.
Senarmont, Rhomboëder, schwefelsaure Thonerde und kohlensaures Natron unter 160° C. (Vide im Allgemeinen.)
Gediegenes Mangan. Guyton de Morveau, Strahlig. Rozier's J. de Phys. 1779, Bd. 13, S. 470—473, auch Zinken.
Halbschwefelmangan. Hochofen Schlesiens. Karsten's Arch. f. Bergb. 1836, Bd. 9, S. 532. Erdm. J. f. prakt. Chem. 1840, Bd. 19, S. 431.
Manganoxyde. Bischof (G.), Durch Mineralwasser. Chem. Phys. Geol. 1847, Bd. 1, S. 906—916.
Kuhlmann, 1851. (Siehe Eisenoxyd.)
De la Noue (J.), Bull. Soc. géol. Fr. 1845; N. F. Bd 2, S. 388; Bd. 3, S. 47 bis 48 u. 100.
Hochofen. N. Amerika's. Leonh. Taschenb. f. Fr. d. Geol. 1845, Bd. 1, S. 70.
Reich, In altem Bergwerke unter Wasser. Bergm. Verein Freiberg 1860, 27. Nov. Berg- und Hüttenm. Zeit. 1861, S. 123.
Manganprotoxydul rother Oxyd. Sainte-Claire Deville, C. R. Ac. d. Sc. P. 1861, Bd. 53, S. 53, S. 201—202, auch Daubrée (siehe Titanoxyd).
Pulverförmiges Manganoxyd vom Mangancarbonat. Phoebus (Dr. P.), Mandelstein, Ilfeld. Jahrb. d. k. k. geol. Reichsanst. 1860, Bd. 11, S. 7.
Kohlensaures Mangan. Zinken, Zeitsch. f. Min. 1829, S. 435. — Senarmont. (Vide supra.)

Kieselmangan. Wiser (D. F.), Hochofen zu Plons bei Sargans. N. Jahrb.
f. Min. 1843, S. 161. — Haidinger's Übers. d. min. Forschung im J. 1843,
S. 63.
Manganglanz. Montzel, Königshütte, Schlesien. Leonh. Hüttenprod. 1858,
S. 366. — Hausmann, dito.
Meerschaum. Wagenmann (L.), Erdm. J. f. prakt. Chem. 1856, Bd. 67, S. 502.
Mennig, nach Bleigrubenbrand aus Galena und kohlensaurem Bleierz.
Metalle gediegene Krystalle, Regulin, Zinn u. Blei. Pajot, Rozier's J. de
Phys. 1791, Bd. 38, S. 52—54, T. 1. F. 1—13.
Metalloxyde auf nassem Wege. Becquerel, Ann. d. Chim. et Phys. 1832,
Bd. 51, S. 101—107. — Ann. d. Min. 1833, 3. F., Bd. 3, S. 355—356. —
N. Jahrb. f. Min. 1833, S. 553—554.
Bret (R. H.), Vers. über Solution gewisser metall. Oxyde u. Salze in Chlor u.
Salzsaur. Ammoniak. Phil. mag. 1837, Bd. 10, S. 333—336.
Daubrée, Ann. d. Min. 1850, 4. F., Bd. 16, S. 129. (Zinn, Titan, Silicium.)
Metallische Persulfure. Gaudin, L'Institut 1833, S. 170. — Bull. Soc.
géol. Fr. 1834, Bd. 5, S. 89.
Geschwefelte Metalle. Becquerel, s. Elektrochem. Wege. Ann. de Chim.
et Phys. 1829, Bd. 42, S. 225; Bd. 43, S. 131. — Pogg. Ann. Phys.
1830, Bd. 18, S. 143. — Kastner's Arch. f. Naturl. 1831, Bd. 21, S. 423
bis 426.
Sainte-Claire Deville (H.) u. Troost, C. R. Ac. d. Sc. P. 1861, Bd. 52, S. 920
bis 923. N. Jahrb. f. Min. 1861, S. 588—590.
Metallphosphate. Sainte-Claire Deville u. Charon, 1850. (Siehe Apatit.)
Natroncarbonat. Clark (Dr. E. D.), Steinverwitterung in einer Mauer.
Cambridge phil. Soc. 1820, 27. Nov. — Edinb. phil. J. 1821, Bd. 4, S. 427.
Hermann (R.), Auf trockenem Wege. Bull. Soc. nat. Moscou 1857, Bd. 30,
S. 545. — N. Jahrb. f. Min. 1859, S. 446.
Baines (Dr.), Zerlegung d. Kalkchlor u. kohlensaure Kalk, Aden. — Pharmaceut.
J. 1863, Juli. Geologist 1863, Bd. 6, S. 348—349.
Nickel in Oktaëdern. Porzellanofen. Leonh. Hüttenprod. 1858, S. 397.
Nickeloxyd in Oktaëdern, Riechelsdorf; auch Ebelmen. (Vide supra.)
Arseniksaures Nickeloxydul in sechsseitigen Prismen. Leonh. Hütten-
prod. 1858, S. 397; auch in Bergwerken.
Kupfernickel. Wiegleb (Joh. Christ), Crell's Chem. Ann. 1784, Bd. 1.
S. 500—507.
Dobereiner, Gilbert's Ann. d. Phys. 1825, Bd. 73, S. 226.
Woehler, Pogg. Ann. Phys. 1832, Bd. 25, S. 302—304. — Ann. d. Chem. u.
Phys. 1852, Bd. 51, S. 208. — Ann. d. Min. 1833, 3. F., Bd. 3, S. 514.
Antimon-Kupfernickel, Sandberger (Fried.), Jahrb. d. Vereins f. Naturk.
im Herzogth. Nassau. 1851, H. 7, S. 133. — Pogg. Ann. Phys. 1858,
Bd. 103, S. 526—528.
Hausmann, Clausthal. Nachricht in d. G. A. Universit. u. G. Ges. in Göttingen,
1832, Nr. 12, S. 181.
Müller (It.), Erdm. J. f. prakt. Chem. 1859, Bd. 76, S. 62. — Berg- u.
Hüttenm. Zeit. 1860, S. 52.

Schwefel-Kupfer-Antimon-Blei in Tetraëder, Freiberg's Flammenofen. Leonh. Hüttenprod. 1858, S. 308.
Salzsaures Natron. Rothehütte u. Königshütte, dito S. 337.
Olivin. Nöggerath, Eisenschlacken Kamionna, Polen. dito S. 294, adnotat.
Ebelmen, Rauchfang des Puddlingofens zu Sereux (Haute Saone.) Ann. d. Min. 1856, 3. F., Bd. 10, S. 671 u. 1851. (vide supra.)
Dechen (H. v.), Verh. naturhist. Ver. Preuss. Rheinl. 1858, Bd. 15, Sitzb. S. CLVII. — N. Jahrb. f. Min. 1859, S. 288.
Ulrich, Oker, Goslar. Leonh. Hüttenprod. 1858, S, 300.
Döndorff, Schlacken eines Pudelageofens. Eisensalt. Ol. N. Jahrb. f. Min. 1860. S. 608—677, Taf. 8.
Sandberger (F.), Nanzenbach, Dillenburg.
Opal. Gergens (Dr.), N. Jahrb. f. Min. 1858, S. 806—807.
Daubrée, Plombières Mineralwässer. 1859. — Bull. Soc. géol. Fr. 1859, Bd. 16, S. 592.
Cotta, Bergm. Ver. zu Freiberg. 15. März 1859. Herg- u. Hüttenm. Zeit. 1859, S. 412.
Orthoklas. Breithaupt, Im Hochofen. N. Jahrb. f. Min. 1836, S. 47—49, Taf. 2, Fig. 7.
Ozokerit. Durch trockene Distillat. d. bituminös. Schiefers Autune. Laurent, Ann. de Chim. et Phys. 1838, Bd. 54, S. 392. — Pogg. Ann. Phys. 1838, Bd. 43, S. 147
Periklas. Ebelmen, 1850. (Siehe Korund.)
Perowskit. Ebelmen, dito. **Hautefeuille** (P.), C. R. Ac. d. Sc. P. 1864, Bd. 59, S. 608.
Pharmaeolit. Zersetzungsproduct.
Phenakit. Sainte-Claire Deville, 1861. (Siehe Willemit.)
Phosphorsäure reiche Mineralien. Bischof, Verh. d. niederrh. Ges. zu Bonn 15. Dec. 1846. — N. Jahrb. f. Min. 1847, S. 367—368.
Phosphorit. Girardin, Identische Bildung in eingescharrten Knochen. Ac. d. Sc. P. 1842 10. Oct., Bd. 15. — Rivière's Ann. d. Sc. geol. 1842, S. 874.
Phosphate. Rammelsberg, Pogg. Ann. Phys. 1845, Bd. 64, S. 405—423. **Debray**, 1850. (Siehe Arseniate.) — **Sainte-Claire Deville** u. **Charon** (H.), 1859. (Siehe Apatit.) — Durch Temperat. vielfältig. Wechsel C. R. Ac. d. Sc. P. 1864, Bd. 59, S. 100—102.
Placoden. Leonh. Hüttenprod. 1858, S. 398.
Pseudonephelin. dito S. 396.
Pyrochlor. Ebelmen, 1850. (Siehe Korund.)
Quarz. Magellan, Nach Achard's Methode. C. R. Ac. d. Sc. P. 1782, 17. Juni, Mercure di Fr. 1778, 5. Juli, S. 63.
Brisson, Fontanieu u. **Cadet**, 1780. (Siehe Kalkspath.)
Buchholz (W. H. Seb.), Nach Achard's Methode mittelst fixer Luft. Act. Acad. Moguntin. f. 1784—1785, Bd. 6, 1786 Wieder gedruckt in seinen Beobachtungen über die Wolverley u. d. Belladonnawurzel 1758. — Crell's chem. Beiträge, Bd. 1, H. 1, S. 11—19. Allg. Literat. Zeit. Bd. 5, S. 487.

Guyton de Morveau, Ac. de Dijon 1783, 1. Sem. — Lichtenberg's Mag. f. d. neuest. a. d. Phys. 1801, Bd. 3. Th. 2, S. 164. — Trommsdorf chem. Bibl. 1802, Bd. 2, Heft 2, S. 76.

Vauquelin. In seinen Krystalliten. (Vide supra.)

Keef; Crosse's Methode mittelst Fluokieselsäure und langwierige Elektricität-Wirkung. Vers. deutsch. Naturf. Jena 1836. — N. Jahrb. f. Min. 1837, S. 248. — Bibl. univ. Genève 1837, Bd. 10, S. 422.

Ebelmen, Ac. d. Sc. P. 1847, 6. Dec. — L'Institut 1847. N. 727. — Edinb. n. phil. J. 1848, Bd. 44, S. IV u. Bd. 45, S. 187. (Siehe Hydrophan.)

Cagniard-Latour, Sechsseitiges Prisma. Bull. Soc. philom. P. 1847, 17. Juli. — Bibl. univ. Genève. Archiv 1847, N. F. Bd. 6, S. 62.

Zinken, a. nassem Wege. Zeitschr. deutsch. geol. Ges. 1851, Bd. 3, S. 231.

Daubrée, Ann. d. Min. 1850, 4. F., Bd. 16, S. 129. (Siehe Titanoxyd.)

Senarmont, Auflösung d. gelatin. Kieselerde durch Kohlen- oder Salzsäure unter 2—300° W. Ann. d. Chim. et Phys. 1857, Bd. 32, S. 129; 1857, Bd. 50 (?), S. 142.

Chlorquecksilber. Fahlerz. Leonh. Hüttenprod. 1858, S. 357.

Schwefel. (Siehe Zinnober.)

Realgar. Riechelsdorf, Leonh. Hüttenprod. 1858, S. 367. Hausmann, Karsten, N. Arch. f. Min. 1840, B. 23, S. 772.

Scacchi, In der Salfatarn. — Reich, Verh. Bergm. Ver. zu Freiberg 1. Dec. 1864. — Berg- und Hüttenm. Zeit. 1864, S. 115.

Rubis. Gaudin, C. R. Ac. d. Sc. S. 1837, Bd. 4, S. 999; Bd. 5, S. 325—326. — L'Institut 1837. — Pogg. Ann. Phys. 1837, Bd. 42, S. 172—173. — Edinb. n. phil. J. 1838, Bd. 24, S. 228—229.

Elsner (Dr. L.), Erdm. J. f. prakt. Chem. 1839, Bd. 18. — Bibl. univ. Genève. 1839, Bd. 23, S. 199—200.

Boettger. Ann. d. Chem. u. Pharm. 1839, Bd. 29, S. 85. — N. Jahrb. f. Min. 1841, S. 586.

Rutil. Ebelmen, Durch Schmelzung. 1350. (Siehe Korund.)

Sainte-Claire Deville, C. R. Ac. d. Sc. S. 1861, Bd. 53, S. 161—164. — L'Institut 1861, S. 249—250. — N. Jahrb. f. Min. 1862, S. 79—80.

Scheerer, Hochofen. Bergm. Ver. zu Freiberg, 1862 7. Jänn. — Berg- u. Hüttenm. Zeit. 1862, S. 98.

Hautefeuille, 1863. (Siehe Brookite.) C. R. Ac. d. Sc. S. 1864, Bd. 59, S. 190—698.

Salz in Würfel durch Ausdampfung. **Rouelle,** Mém. Ac. roy. Sc. P. 1745. Haller, desc. des salin. du Gouvernement d'Aigle, S. 85.

Holland (H.), Vierseitige Pyramiden. Agricult. Report County of Chester 1808, S. 53. — Lond. phil. Trans. 1810, S. 92. — N. Jahrb. f. Min. 1846, S. 734. adnotat.

Saphir. Gaudin, C. R. Ac. d. Sc. P. 1857, Bd. 44, S. 716—718. — L'Institut 1857. — Bibl. univ. Genève 1857, Bd. 35, Archiv S. 65—68. — Erdm. J. f. prakt. Chem. 1857, Bd. 70, S. 381. — N. Jahrb. f. Min. 1857, S. 444. — Ausland 1858, S. 959. — Phil. Mag. 1858, 4. F., Bd. 15, S. 109. — Americ. J. of Sc. 1857, Bd. 24, S. 273. — J. Franklin Institut Pennsylv. 1857.

Bd. 34, S. 134. (Alaun u. schwefelsaure Pottasche calcinirt u. pulverisirt im Feuer.)

Scolopsit u. Ittnerit. Wirkung des thermal. Wassers auf Kalkstein. **Fischer** (H.), Ber. naturf. Ges. in Freiburg 1861, Bd. 2, S. 408. — N. Jahrb. f. Min. 1862, S. 357.

Scheelit. Manross (N. S.), Phil. Mag. 1852, 4. F., Bd. 3, S. 397. — Ann. d. Chem. u. Pharm. 1852, Bd. 81; N. F. Bd. 5, S. 243—245.

Schlacken. Winkler (Karl Al.), Erfahrungen über die Schlacken. Freiberg. 1827, 12.

Leonhard (C. C. v.), Sammlung. N. Jahrb. f. Min. 1852, S. 256.

Schwefel. dreifache Bildung. **Rozier's** Obs. a. la Physic. 1782, Bd. 19, S 311.

Auf nassem Wege. **Le Veillard**, Mem. Math. et Phys. Acad. d. Sc. d. P. 1810. A. F. Bd. 10, S. 551.

In Solfataren **Soacchi** u. s. w., Aus schwefelwasserstoffhält. Therm. Wässer. **Tournal** fils, Malvezy, Narbonne. Ferussac's Bull. 1828, Bd. 14, S. 61.

Baur, Zu Rohr bei Eschweiler. Berggeist 1859, N. 24. — Berg- u. Hüttenm. Zeit. 1859, S. 224, zu Baden (Baden) u. in Österreich und in vielen Thermen.

Reich, In Rhomboëder in einer mit Schwefelwasserstoff gefüllten Flasche. Bergm. Ver. Freiberg 1847, 26. Oct. — Berg- und Hüttenm. Zeit. 1852, S. 275.

Bunsen, In Bergwerken zu Hex. Stud. Götting. Ver. Bergm. Fr. 1839, Bd. 4, S. 360.

Aus Eisenkies. **André**, Hesperus 1821. — J. de Phys. 1822, Bd. 94, S. 304.

Muir (R.), Americ. J. of Sc. 1824, Bd. 7, S. 56.

Jackson, dito 1839, Bd. 37, S. 378. **Roger's** (W. B.), dito S. 381.

Ulrich, Berg- und Hüttenm. Zeit. J. 13, 1854, S. 97.

Aus Bleiglanz und Blende. **De la Noue** (J.)

Aus Bleiglanz. Leonh. Handb. d. Oryktognosie, 2. Aufl. 1826, S. 111 u. 598.

Trevelyan (W. C.), Edinb. J. of Sc. Oct. 1826, Bd. 5, S. 375. — Zeitschr. f. Min. 1827. Bd. 1, H. 4, S. 350.

Leonhard N. Jahrb. f. Min. 1856, S. 436.

In doppelter Gestalt durch Ausdampfung u. Schwefelkohlenstoff wie durch Schmelzung. **Pasteur**, C. R. Ac. d. Sc. P. 1848, Bd. 26, S. 48. — Auch **Regnault**, Veränderung d. weichen Schwefel in oktaëdrisch. krystallisirt.

Thelen, (W. J.), Mit doppelt. schwefelsauren Arsenik und Arseniksäure auf d. Zinkhalden zu Blikengang zu Stollberg. Berg- und Hüttenm. Zeit. 1861, S. 185.

Schwefelcarbur durch schwache elektrische Wirkung. **Becquerel**, Ac. d. Sc. P. 1829 Juli. — Bibl. univ. Genève 1829, Aug. B. 4, — Americ. J. of Sc. 1830, Bd. 18, S. 153.

Schwefelsäure durch Schwefelwasserstoff. Höhle zu Aqua Santa. **Egidi**, Giornale di fisica 1827, 2. Dec. Bd. 10, S. 484. — Quart. J. of Sc. L. 1829, Bd. 27; N. F. Bd. 5, S. 200.

Eaton (A.), Aus Eisenkies Verwitterung, dito u. Americ. J. of Sc. 1829, Bd. 15, S. 239.

Schwefelverbindungen. Claubry (Gautier de), In der Schwefelsäure Fabrication. Pogg. Ann. Phys. 1830, Bd. 96; N. F. Bd. 20, S. 467—472. (Siehe Metalle.)

Selenit. Monheim, Verh. d. Naturf. Ver. d. Preuss. Rheinl. 1849, Bd. 6, S. 24. — N. Jahrb. f. Min. 1849, S. 700.

Buist (Dr. G.), Im Stucco Quart. J. geol. Soc. L. 1857, Bd. 13, S. 1.

Breithaupt, In Schlacken. Leonh. Hüttenprod. 1858, S. 368.

Kupferhältiger Solenit. Toscana. Pilla (Leop.), C. R. Ac. d. Sc. P. 1845, Bd. 20, S. 811.

Selenit und erdigen Gyps. Strippelmann u. Bunsen, Mit Schwefel u. Eisenkies. Stud. Götting. Ver. Bergm. Fr. 1839, Bd. 4, S. 358—361.

Senarmontit. dito.

Gediegenes Silber auf elektrischem Wege. Oberst v. Joss, Bergm. Ver. zu Freiberg 1843, 18. Oct. — Berg- und Hüttenm. Zeit. 1852, S. 261.

Warington (R.), Phil. Mag. 1844, 3. F., Bd. 24, S. 503—505. — N. Jahrb. f. Min. 1845, S. 117—118.

Bischof (G.). Mit Wasserdampf u. hoher Temperatur. (Siehe chem. Geologie.) Durch Vitriolwas er. Freiesleben's Oryctographie Sachsens 1847, N. F., H. 2. — Berg- u. Hüttenm. Zeit. 1849, S. 36.

Haidinger (W.), In Oktaëdern und baumförmig im Amalgamationsprocess zu Schmölnitz. Jahrb. d. k. k. geol. Reichsanstalt 1850, Bd. 1, S. 150. — N. Jahrb. f. Min. 1853, S. 703.

Foetterle, In einem Hochofenrauchfang. Jahrb. d. k. k. geol. Reichsanstalt 1852, 16. März. — Berg- und Hüttenm. Zeit. 1853, S. 576.

Scheerer, Faserig. Bergm. Ver. zu Freiberg 1855, 6. Febr. — Berg- u. Hüttenm. Zeit. 1855, S. 303.

Silberglanz. Durocher (vide supra). Durch kohlensauren Schwefel Thermalwasser zu Bracciano verwandeltes Silber. Rev. archeol. 1852 Febr. — Ausland 1852, S. 469.

Silberbromur. Bruel, Sammt Silberchlorur, in römischen u. griechischen Münzen. Erdm. J. f. prakt. Chem. 1843, Bd. 30, S. 334. — Leonhard's Taschenb. f. Fr. d. Geolog. 1846, S. 42—43 u. Handb. d. Oryctognos. 1826, S. 583.

Silberchlorur. Noeggerath, Künstliche Gegenstände lange in der Erde. Karsten's Arch. f. Min. 1845, Bd. 19, S. 756—759.

Warington, Leonhard's Taschenb. d. Fr. d. Geolog. 1846, S. 43—44.

Kuhlmann (Friedr.), Auf nassem Wege. C. R Ac. d. Sc. P. 1856, Bd. 42. S. 374—377.

Silberchlor u. Brom. Müller (Rich.), Berg- u. Hüttenm. Zeit. 1850, S. 450.

Rothgültigerz. Müller, Bergm. Ver. zu Freiberg 1854, 19. Dec. — Berg- u. Hüttenm. Zeit. 1855, S. 271. — N. Jahrb. f. Min. 1856, S. 440.

Fournet, Durocher, C. R. Ac. d. Sc. P. 1851, Bd. 32, S. 825.

Graues Silber. Nauwerk, Rozier's Obs. sur la Phys. 1757, Bd. 31, S. 367.

Silber. Blei, Kupfer. Amalgamir Werk Freibergs Gurlt, Pyrog. k. Min. 1857, S. 17. (In Oktaëdern.)

Kieselsäure. Gaudin, C. R. Ac. d. Sc. P. 1839, Bd. 8, S. 678 u. 711. Im Hochofen.

Rose, (H.), Pogg. Ann. Phys. 1860, Bd. 108, S. 631. — Berg- u. Hüttenm. Zeit. 1860, S. 244.

Silica mittelst Sublimation. **Macculloch** (John), Geol. Sc. L. 1812, 20. März. — Trans. geol. Soc. L. 1813, Bd. 2, S. 275—276. — Bibl. brit. Genève 1812, Bd. 50, S. 364.

Vauquelin, In Eisenhochöfen. Ann. Mus. d'hist. nat. 1809, H. 74—75, S. 239 bis 240. — Moll's N. Jahrh. d. Berg- und Hüttenk. 1815, Bd. 3, S. 140. — Ann. de Chim. et Phys. 1826. Bd. 31, S. 333. — Quart. J. of Sc. L. 1826, Bd. 21, S. 395.

Gerhard, dito. Abh. k. Akad. d. Wiss. zu Berlin f. 1814—1815, Bd. 5, N. F. Bd. 3, 1818. — Leonh. Taschenb. f. Min. 1822, Bd. 16, S. 219.

Koch (Friedr.), Faserig oder pulverartig. Beiträge zur Kenntniss krystallinischer Hüttenproducte 1823, S. 41. — Ferussac's Bull. 1824, Bd. 1. S. 129.

Hess, Pogg. Ann. Phys. 1830, Bd. 96; N. F. Bd. 20, S. 539—540.

Jeffreys, Aus heissen Wasserdünsten. Brit. Assoc. 10. Meet. Glasgow 1840. — Americ. J. of Sc. 1841, Bd. 41, S. 60.

Fournet, C. R. Ac. d. Sc. P. 1844, Bd. 18, S. 1050.

Schafhäutl, In Eisenhochöfen. N. Jahrb. f. Min. 1846, S. 689—690 adnot.

Silicification der Kalksteine. Kuhlmann, Amtl. Bericht 32. Vers. deutsch. Naturf. 1856, S. 185. — Critic. 1859, Bd. 18, S. 620. — Proceed. chem. Soc. L. 1841, 1. Juni. — Phil. Mag. 1841, Bd. 19, X. 332. — Bibl. univ. Genève 1842, Bd. 37, S. 416.

Diaphane Kieselerde. Ebelmen, C. R. Ac. d. Sc. P. 1845, Bd. 21, S. 502—503. — N. Jahrb. f. Min. 1845, S. 832.

Krystallisirte Silica auf nassem Wege mit 2 Perc. Kohlenstoff. **Cagniard-Latour**, C. R. Ac. d. Sc. 1837, Bd. 4, S. 956.

Kieselige Theilchen in Thon und Kieselst. Mischung. **Fitton**, (Dr.), Account of some geol. specim. from the Coast of Australia, S. 32, adnot.

Kieselige Nieren. Ehrenberg (G.), Monatsber. k. Preuss. Ac. d. Wiss. Berlin, 1859, S. 685.

Kieselhydrat durch rothe Hitze. **Bunsen** (R.), Pogg. Ann. Phys. 1851. Bd. 82, S. 220. — N. Jahrb. f. Min. 1851, S. 862.

Kieselanhyder. Daubrée, Auf nassem Wege. — Ann. d. Min. 1857. Lief. 5.

Machefer. Delesse, Ann. d. Min. 1848, 4. F., Bd. 14, S. 72.

Silicate. Moro (L.), Ann. d. Chem. u. Pharm. 1845, Bd. 55, S. 354. — Ann. d. Min. 1847, 4. F., Bd. 11, S. 582.

Daubrée, Durch Dünstewirkung auf Felsarten. (Siehe Aluminate.)

Jenzsch (G.), Kalk u. Thonsilicate. Pogg. Ann. Phys. 1855, Bd. 95, S. 307. — N. Jahrb. f. Min. 1856, S. 842.

Ransome (F.), Lösbare Silicate. J. of Soc. of Arts. L. 1859, Bd. 7, S. 758.

Fournet, Bull. Soc. géol. Fr. 1861; N. F. Bd. 19, S. 124—135. — Delesse's Kritik S. 138. — N. Jahrb. f. Min. 1862, S. 354—356.

Hydrosilicate. Fournet (J.), Wasser React. in Erzgängen. Bull. Soc. géol. Fr. 1844; N. F., Bd. 4, S. 252—254.

Alkalinische Silicate. Reaction. **Hausmann**, Moll's N. Jahrb. f. Berg- u. Hütt. 1816, Bd. 4, S. 255.

Hunt (T. Sterry), Americ. J. of Sc. 1857, N. F. Bd. 23, S. 473.

Eisenoxydul-Silicate. Müller, Trans. phil. Soc. Cambridge 1828, Bd. 3, S. 417. — Pogg. Ann. Phys. 1831, Bd. 23, S. 559—560.
— Dito. Sammt Thonsilicat. Festmantel (Karl.), Berg- u. Hüttenm. Zeit. 1849, S. 657—658.
Metallische Silicate. Sainte-Claire Deville (H.), C. R. Ac. d. Sc. P. 1861, Bd. 52, S. 1304—1308. (Siehe Willemit.)
Leydolt, Leonh. Hüttenprod. 1858, S. 399.
Smaragd. Ebelmen, Im Porcellanofen, 1850. (Siehe Korund.)
Sphen. Hautefeuille (P.), C. R. Ac. d. Sc. 1864, Bd. 59, S. 689—701. (Auch Analys.)
Spinell. Ebelmen, dito 1847, Bd. 25, S. 279—280. — L'Institut 1847, S. 166 bis 167. — Ann. de Chim. et Phys. 1851, Bd. 33, S. 34.
Schwefelsauren Strontian auf nassem Wege. Bischof (Gust.), Chem. Phys. Geolog. 1847, Bd. 1, S. 643.
Manross, 1852. (Siehe im Allgemeinen.)
Strahlsteinähnliche Schlacke. Cohen, Leonh. Hüttenprod. 1858, S. 24.
Struvit. Müller (F.), Amtl. Ber. d. 24. Vers. deutsch. Naturf. 1846, S. 264. Mineral. Sect. S. 51.
Sulfate. Auf nassem Wege. Bischof, (G.). Chem. Phys. Geolog. 1847, Bd. 1, S. 529.
Metallische Sulfate durch die Schwefelwasserdämpfe zu Aix in Savoyen. Bonjean (Jos.), Ann. d. Min. 1839, 3. F. Bd. 16, S. 340.
Tantalit. Ebelmen, 1847. (Siehe Spinell.)
Gediegenes Titanium in Eisenhochofenschlacken. Grignon, Mem. 1757. — Laugier, Ann. d. Chim. 1814, Bd. 89, S. 317.
Wollaston, Merthyr-Tydvil Eisenhochöfen. Lond. roy. Soc. 1822 12. Dec. — Lond. phil. Trans. f. 1823, Bd. 113, Th. 1, S. 17—22; Th. 2, S. 400. — Ann. of philos. 1823, Bd. 21, S. 67—68 u. Bd. 22, S. 222—224. — Edinb. phil. J. 1823, Bd. 9, S. 403. — Americ. J. of Sc. 1827, Bd. 12, S. 189. — Ann. de Chim. et Phys. 1824, Bd. 25, S. 415. — Ann. d. Min. 1824, Bd. 9, S. 410—411. — Gilbert's Ann. Phys. 1825, Bd. 75, S. 220 bis 225. — Karsten's Arch. f. Bergb. 1825, Bd. 9, S. 518—538. Auch in den Hochöfen an der Clyde zu Low Moor bei Bladford (Yorksh.), Pidding (Derbysh), Ponty Pool (Monmuthsh.) u. s. w.
Walchner, Zu Kandern, Baden. Würfelkrystalle. Schweigg. J. d. Chem. u. Phys. 1824, Bd. 41, S. 80—87; 1825, Bd. 44, S. 47—48. — Phil. Mag. 1825, Bd. 66, S. 124. — Quart. J. of Sc. L. 1826, Bd. 20, S. 176. — Edinb. J. of Sc. 1824, Bd. 2, S. 181. — Edinb. phil. J. 1824, Bd. 11, S. 410.
Zinken, Mägdesprung, Harz. Pogg. Ann. Phys. 1825, Bd. 3; A. R. Bd. 79, S. 175—176 u. 1833, N. F. Bd. 28, S. 161—162. — Karsten's Arch. f. Bergh. 1826, Bd. 10, S. 291. — Ann. d. Min. 1824, Bd. 5, S. 450. — Ann. de Chim. et Phys. 1826, Bd. 31, S. 331.
Noeggerath, In Schlesien. Leonh. Taschenb. f. Min. 1824, Bd. 18, Th. 4, S. 948. Kastner's Arch. f. Naturl. 1825, Bd. 4, S. 451. Als grosse Oktaëder. Schweigger-Seidel, Jahrb. d. Chem. u. Phys. 1832, Bd. 65, S. 385—386.

Laugier, Im Mosel Depart. Bull. Soc. philom. P. 1825. S. 102.
Noeggerath, Zu Sayn. N. Jahrb. f. Min. 1846, S. 128.
Hollunder, Schlesien. Kastner's Arch. f. Naturl. 1827, Bd. 12, S. 385—388.
Hünefeld, 1827. (Siehe Titaneisen.)
Meyer (Dr.), Königshütte, Schlesien. In Würfeln. Kastner's Arch. 1828, Bd. 13, S. 272.
Liebig (Just.), Seine Erzeugung. Pogg. Ann. Phys. 1831, Bd. 21, S. 159—163.
Johnston (J. F. W.), Roy. Soc. Edinb. 1833, 6. Mai. — Edinb. n. phil. J 1834, Bd. 16, S. 190.
Werner, Trennung aus den Eisenschlacken. Erdm. J. f. prakt. Chem. 1839, Bd. 16 oder 18. — Bibl. univ. Genève 1839, Bd. 20, S. 188—189.
Wiser (D. F.), Hexaëder zu Plons bei Sargans. N. Jahrb. f. Min. 1843, S. 461. Zu Plymouth in Krystallen. L'Institut 1844. S. 60.
Rogers, Wales, dito 1845, S. 60. — Ann. d. Min. 1845, Bd. 8, S. 700.
Fehling, Würtemb. Naturwiss. Jahresb. 1846, Bd. 2, Th. 2, S. 255—256. — N. Jahrb. f. Min. 1847, S. 593—594.
Daubrée, 1849. (Siehe Titanoxyd.)
Woehler, Bericht d. k. Preuss. Ak. d. Wiss. zu Berlin 1849, S. 244—246. — L'Institut 1849, S. 353.
Blumenau (H.), Titanmass von 80 Pfund in Rübeland. Hochofen Harz. Ann. d. Chem. u. Pharmac., Bd. 67, S. 122. — Berg- u. Hüttenm. Zeit. 1849, S. 190.
Neher, Plons u. Canton St. Gallen.
Boecking, 1852. Leonh. Hüttenprod. 1838, S. 373—375.
Brockbark, Mit Hematit gespeister Hochofen. Manchester liter. a. philos. Soc. 1859. Mining J. 1859 Febr. — Berg- u. Hüttenm. Zeit. 1859, S. 176.
Titanoxyd. Kersten (Ch.), Pogg. Ann. Phys. 1830. N. F. Bd. 19, S. 220 u. Bd. 20, S. 313.
Bertrand de Lom, Hochofen zu Framont, St. Marcel, Traverselle u. s. w. Rozier's Ann. d. Sc. geol. 1842, S. 869—870.
Daubrée (A.), C. R. Ac. d. Sc. P. 1850, Bd. 30, S. 383. — L'Institut 1850. S. 115—116. — Bull. Soc. géol. Fr. 1850; N. F. Bd. 7, S. 267—270. — Ann. d. Min. 1840; 4. F., Bd. 16, S. 129—153. — N. Jahrb. f. Min. 1849, S. 712.
Titanchlorur. George (E. S.), Im Hochofen. Ann. of Phil. 1825 Jänner, Bd. 25; N. S. R. 9, S. 18. — Pogg. Ann. Phys. 1825, Bd. 3; N. F. Bd. 79, S. 171—174.
Titanprotofluor. Hautefeuille (P.), 1863. (Siehe Rutil.)
Daubrée, 1851. (Siehe Apatit.)
Sainte-Claire Deville, C. R. Ac. d. Sc. P. 1861, Bd. 52, S. 780—784 u. 1304. — L'Institut 1861, S. 141—142. — Erdm. J. f. prakt. Chem. 1862, S. 35 bis 38. — N. Jahrb. f. Min 1861, S. 593. (Siehe Willemit.)
Tungstat (Siehe Scheelit.)
Turmaline. Herapath, Phil. Mag. 4. F., Bd. 7, S. 352—358. — Erdm. J. f. prakt. Chem. 1854, Bd. 62; N. F. Bd. 11, S. 367. Auch Daubrée. (Vide supra.)

Uranoxydul. Hauer (K. v.), Jahrb. d. k. k. geol. Reichsanst. 1853, Bd. 4, H. 3, S. 557—558.
Uranocker, Auflösung des Uranglimmer oder Uranpecherzes.
Uranit auf nassem Wege. Kook (J. W.), L'Institut 1843, Bd. 11, S. 401.
Vanadium. Kersten (C.), Hochöfen. Pogg. Ann. Phys. 1843, Bd. 59, S. 121 bis 128. — N. Jahrb. f. Min. 1844, S. 200—202.
Schubin u. Fritssche, Perm. u. Deck, Staffordshire. Leonh. Hüttenprod. 1858, S. 375.
Wagnerit. Sainte-Claire Deville, 1858. (Siehe phosphorsauren Kalk.)
Willemit. Sainte-Claire Deville (H.), C. R. Ac. d. Sc. P. 1861, Bd. 52, S. 1304 bis 1308. — Revue universelle P. 1861, Lief. 6, Abh. 10. — L'Institut 1861, p. 705. — Erdm. J. f. prakt. Chem. 1862, Bd. 86, S. 38. (Gegen Daubrée).
Gediegenes Wismuth. Rhomboeder. Rose (Gust.), Pogg. Ann. Phys. 1854, Bd. 91, S. 401—403.
Wismuthglanz oder **Schwefelwismuth.** Rose, dito.
Wolfram. Manross, 1852. (Siehe im Allgemeinen.)
Wollastonit. Walchner, Oberweiler Baden. Schweigg. J. f. Phys. u. Chem. 1826. N. F. Bd. 17, S. 245—247.
Hausmann, Götting. gelehrt. Anz. 1837, S. 50.
Rammelsberg, In Schlacken Olsberg bei Bigge, Westphalen. Lehrb. d. Chem., Mineralog. 1850, S. 83.
Daubrée (Vide supra). — Sainte-Claire Deville (H.), 1861. (Siehe Willemit.)
Zeolithe. Schultes (Dr.), Kalkofen Innsbruck. Gehlen's J. f. Chem., Phys. u. Min. 1809, Bd. 8, S. 207—208. — Moll's n. Jahrb. d. Berg- u. Hüttenm. 1815, Bd. 3, S. 94.
Kersten, Auf Holz. Erdm. J. prakt. Chem. 1841, Bd. 22, S. 1.
Bunsen, Pogg. Ann. Phys. 1851, Bd. 83, S. 232.
Soechi, Phillipsit, Gismondin, Comptonit, Analcim. an der Somma. Sublimirt.
Daubrée, 1857. (Siehe Apophyllit.) Bull. Soc. geol. F. 1859, Bd. 16, S. 577 bis 582; 1860, Bd. 18, S. 108—110. — Ann. d. Min. 1858, Bd. 13, S. 250 bis 258. — Geologist 1859, Bd. 1, S. 68—69.
Zink. Weber (Fr. Ch.), Bei der Destillation des Zinkes. Zeitschr. Ver. deutsch. Ingenieure, 1858, Bd. 2, S. 123. — N. Jahrb. f. Min. 1859, S. 82.
Verschiedene Zinkerze. Reuss (A. Em.), 1858. (Siehe elektrochemische Wirkung.)
Zinkoxyd. Selb, Im Hochofen. Gehlen's J. d. Chem., Phys. u. Min. 1809, Bd. 8, S. 187—190. — Moll's N. Jahrb. d. Berg- u. Hüttenm. 1815, Bd. 3, - S. 139—140.
Dumenil. Harzer Hochofen. Schweigg. J. d. Chem. u. Phys. 1812, Bd. 4, S. 44.
Koeh (Fried.), Beiträge zur Kenntniss krystallinischer Hüttenproducte 1822. — Ferussac's Bull. 1824, Bd. 1, S. 129.
Haldat, Ann. de Chim. et Phys. 1831, Bd. 46, S. 70. (Siehe Eisenoxyd.)
Karsten, a. nassem Wege. Abh. d. k. Preuss. Ak. f. 1827, S. 45.
Bischof u. Noeggerath, In sechsseitigen Säulen. N. Jahrb. f. Min. 1843, S. 311.
Levy, Sublimirt im Retort. Ann. d. Min. 1843, 4. F.. Bd. 4, S. 508. — N. Jahrb. f. Min. 1844, S. 716.

Hausmann, Rother. Karsten's Arch. f. Min. 1843, Bd. 17, S. 784. — Haidinger's Übers. d. mineral. Forsch. im J. 1843, S. 78.
Ebelmen, 1851. (Siehe a. trockenem Wege.) Bischof, a. nassem Wege. Lehrb. d. Chem. Geolog. 1847, Bd. 1, S. 939.
Rothes Oxyd in Hochöfen der Vereinigten Staaten Amerika's. Leonh. Taschenb. f. Fr. d. Geolog. 1845, B. 1, S. 70.
Blacke (W. P.), Hochofen. N. Jersey. Americ. J. of Sc. 1852, N. F. Bd. 13, S. 417.
Jordan (Dr. Herm.), Hochöfen. Sitzo. kais. Ak. d. Wiss. Wien. 1853, Bd. 11. S. 8—11, 3 Fig.
Carnall, In Gallmey verwandelte Blende. Zeitschr. d. deutsch. geol. Ges. 1850, Bd. 2, S. 172.
Rath (G. v.), Verh. naturhist. Ver. Preuss. Rheinl. 1863, Bd. 20, Th. 2, Sitzb. S. 130.
Schwefelzink. (Blende.) Guyton-Morveau, Mem. Ac. de Dijon 1783, 1. Semest.
A. G. J. d. Min. 1807 Sept. N. 129, Bd. 22, S. 237—240.
In alten Bergwerken neuere Bildung. Noeggerath (Dr. J.) u. Bischof (Dr. Gust.), Schweigg. J. d. Chem. u. Phys. 1832, Bd. 65, S. 245—258. — Bischof's Lehrb. d. Chem. Geol. 1847, Bd. 1, S. 936.
Bischof (G.), Pogg. Ann. Phys. 1836, Bd. 38, S. 415.
Blende sublimirt. Bredberg (G.), Bergwerksfreund 1850, Bd. 13, S. 405 bis 406.
Volzit. Kersten K.), Pogg. Ann. Phys. 1845, Bd. 64, S. 494—496. — Rammelsberg's Kritik darüber S. 185—189. — Leonh. Hüttenprod. 1858, S. 356.
Plattner, Berg. u. Hüttenm. Zeitr. 1855, S. 128.
Delanoue, L'Institut 1845, S. 193.
Zinkoxysulfur. Freiberg, Hütten. Kersten (Karl), Schweigg. J. d. Chem. u. Phys. 1829, Bd. 57, S. 186—188. — Ann. de Chim. et Phys. 1820, Bd. 41, S. 426—428. — Ann. d. Min 1832, 3. F. Bd. 1, S. 203—204.
Sainte-Claire Deville, 1861. (Siehe Schwefelcadmium.)
Schwefelsaurer Zink. Noeggerath u. Bischof (Gust.), In alten Bleibergwerken. Alt-Glück bei Bennerscheid, Siegenschen. Schweigg. — Seidel Jahrb. d. Chem. 1832, Bd. 64—66. — N. Jahrb. f. Min. 1833, S. 201—204.
Bischof (Gust.), Mineralwässer Absatz. Chem. Phys. Geologie 1847, Bd. 1, S. 936—939.
Kohlensaures Zinkoxyd auf Eisenhydrat wie auf Holz zu Tarnowitz. Monheim, Verh. d. naturf. Ver. d. Preuss. Rheinl. 1848, Bd. 5, S. 170. — Erdm. J. f. prakt. Chem. 1850, Bd. 49, S. 318. — Berg- u. Hüttenm. Zeit. 1850, S. 396.
Senarmont (Vide supra).
Kohlensaures Zinkoxyd mit Eisengehalt. Monheim, Verh. Ver. Preuss. Rheinl. 1849, Bd. 6, S. 24—31. — Jahrb. f. Min. 1849, S. 700.
Zinkvitriol secundäre Bildung.
Zinkenit. Fournet, Leonh. Hüttenprod. 1858, S. 376.

Bibliographie der künstlichen Mineralienerzeugung. **57**

Gediegenes Zinn. Pajot (C.), J. de Physiq. 1791, Bd. 38, S. 32–34.
T. 1, Fig. 1–3.
Miller (W. H.), Phil. Mag. 1843, Bd. 22, S. 263–265.
Breithaupt, Sechsseitige Prismen im Zinnofen. Cornwallis.
Zinnoxyd, Kanonen-Schmelzofen zu Dresden. Förmer (J.), Erdm. J. f.
prakt. Chem. 1846, Bd. 37. S. 380–381.
Im Flammenofen krystallisirt. Leonh. Taschenb. f. Fr. d. Geolog. 1847, Bd. 3,
S. 49.
Daubrée, (A.), 1849. (Vide supra im Allgemeinen.)
Sainte-Claire Deville (H.), 1861. (Siehe Rutil.)
Zinnreiches Kupferhütten-Erzeugniss. Plattner (vide infra.)
Eisenhältiges Zinn krystallisirt. Nöllner, Ann. d. Chem. u. Pharm. 1860,
Bd. 115, S. 233. — Berg- u. Hüttenm. Zeit. 1861, S. 364 Auch Plattner,
Berg- u. Hüttenm. Zeitschr. 1854, S. 303.
Zinn-Deutosulfure. Gaudin, Durch Hitze. N. Bull. d. Sc. Soc. Philomat.
P. 1833 Nov., S. 162.
Zircon. Sainte-Claire Deville. (Siehe Topas.)

Analysen künstlich erzeugter Mineralien.

Lampadius, Producte der Freiberger Hütten. Karsten's Arch. f. Bergb. 1827.
Bd. 15, S. 382–404.
Karsten, dito. Sachsens. Erdm. Journal f. prakt. Chem. 1840, Bd. 19, S. 118
bis 123.
Berthier, Ann. d. Chim. et Phys. 1826, Bd. 33, S. 214.
Anhydrit. Manross, 1852. (Vide supra.)
Antimonblei. Karsten, Leonh. Hüttenprod. 1858, S. 382.
Asbest. Coquand, Bull. Soc. géol. Fr. 1841, Bd. 12, S. 232. Adnotat.
Penny (F.), Proceed. phil. Soc. Glasgow (1842–1843). 1843, S. 104–105.
Leonhard, Taschenb. f. d. Fr. d. Geologie 1847, S. 50.
Arsenikkies. Huber, Leonh. Hüttenprod. 1858, S. 382.
Augit. Schlölberg, Jern Contorets Annal. 1826, Bd. 10, S. 147.
Percy u. **Forbes**, a. Olsberg) Rep. brit. Assoc. 16. Meet. 1847, S. 363. —
N. Jahrb. f. Min. 1853, S. 645.
Kobell, dito S. 650. — **Rammelsberg**, dito S. 648 u. 650. — **Reinsch**, dito 652.
Ebelmen, Magnesiah Augit. Ann. de Chim. et Phys. 3. F. 1851, Bd. 33, S. 34.
Levi Montefiore, Leonh. Hüttenprod. 1858, S. 278.
Kobell, Jenbach, Tirol, dito S. 280.
Scheerer, Petrosadovsk, dito S. 282. — Ann. d. Chem. u. Pharm. Bd. 94,
S. 70.
Ustron, Teschen. Leonh. Hüttenprod. 1858, S. 290.
Baritspath. Manross. (Vide supra.)
Bleierze. Dumenil, 1812. (Vide supra künstl. Erzeug.)
Bergmann (C.), Chemische Untersuchung der Mineral- und Hüttenproducte
des Bleiberges in Rheinpreussen mit Vorwort von Dr. J. Noeggerath,
Bonn, 1830, 12.

Berthier, Producte von englischen Bleihütten. Ann. de Chim. et Phys. 1830
  Nov. Bd. 43, S. 285. — Erdm. J. f. techn. Chem 1830, Bd. 8, S. 149.
Karsten, Freiberg. Bleihütte. Jahrb. f. d. Sächs. Berg- u. Hüttenm. 1842 —
  Pogg. Ann. Phys. 1842, Bd. 55, S. 118—121. — Erdm. J. f. prakt. Chem.
  1842, Bd. 25, S. 99—100. — Ann. d. Min. 1842, 4. F., Bd. 2, S. 522.
Galena. Metzger (E.). (Vide supra.)
Chromsaures Blei. Mannross (vide supra.)
Kohlensaures Blei. Koch (R.), (vide supra.)
Phosphorsaures Blei. Noeggerath dito.
Bleiglätte. Karsten, Muldenerhütte. Freiberg. Leonh. Hüttenprod. 1858, S. 353.
Eisenblei. Sonnenschein. (Vide supra.)
Bleistein. Avenarius, Ohme, Bromeis, Rammelsberg, Harz. Leonhard's
  Hüttenprod. 1858, S. 384.
Chrysoberil. Ebelmen (Vide supra.)
Chrysolith. Ebelmen, Hochofen Rauchfang zu Sereux, (Haute Saone.) Ann.
  d. Min. 1836, 3. F. Bd. 13, S. 671—672. — N. Jahrb. f. Min. 1839, S. 329.
Sokolov (Nik.), 1857. (Vide supra Chrysolith.)
Bathe (F.), Erdm. J. f. prakt. Chem. 1860, Bd. 78, S. 222. — Berg- u.
  Hüttenm. Zeit. 1860, S. 440.
Cobalt u. Nickel, verwitterte Erze. Karsten (Karl), Pogg. Ann.
  Phys. 1843, Bd. 60, S. 251—271.
Cyanur. Bromeis, Bergwerksfreund 1842, Bd. 4, S. 289. — N. Jahrb. f. Min.
  1843, S. 210.
Cyankalium. Bromeis u. Bunsen.
Diopsid. Woehler, Nachricht v. k. Ges. d. Wiss. zu Götting. 1851, N. 16,
  S. 215. — N. Jahrb. f. Min. 1853, S. 657.
Producte der Eisenhochöfen zu Creuzot. Guenyveau, J. d. Min.
  1797, Bd. 5, S. 22 u. 439. — Karsten's Arch. f. Bergh. 1823, Bd. 7, S. 303.
Roheisen. Bromeis, Bodemann, Karsten, Berthier, Leonh. Hüttenprod. 1858,
  S. 244—246.
Eisenglimmer. Vauquelin, Im Hochofen. Ann. Mus. d. hist. nat. 1806, Bd. 8,
  S. 447—450, J. d. Min. 1806 N. 119, Bd. 20, S. 391.
Klaproth, Beiträge zur chemischen Kenntniss der Mineralien. 1810, Bd. 5,
  S. 222—227. — Moll's N. Jahrb. f. Berg- u. Hüttenk. 1815, Bd. 3, S. 46
  bis 48.
Eisenoxydul magnetisch. Laurent u. Holms, Leonh. Hüttenprod. 1858,
  S. 256.
Eisencarbur in Schlacken. Tunner u. Richter, 1861. (Vide supra k. Erz.)
Eisenmulm. Genth u. Schnabel, Leonh. S. 262.
Eisenphosphat. Vogel, 1818 dito.
Eisensilicat. Credner, 1837. (Vide supra.)
Epidot ähnliche Schlacken. Mayer, Leonh. Hüttenprod. 1858, S. 24.
Feldspath. Kupferofen. Zimmermann, 1834, dito.
Fornacit. Reinsch (H.), 1840, dito S. 283.
Galmey. Dumenil, 1812. (Siehe Blei.)
Gahnit. Ebelmen. (Vide supra.)

Gehlenit. Percy, 1847. (Vide supra.)
Glimmer. Klaproth, Mitscherlich, Rose (H.), Leonh. Hüttenprod. 1858, S. 226.
Graphit. Drapier, Hochofen, Ardennens. J. d. Min. 1811, Bd. 29, S. 79.
Berthier, Ann. d. Min. 3. F., Bd. 9, S. 508.
Calvert, 1861. (Vide supra k. Erz.)
Humboldtit. Percy. (Vide supra.) Forbes u. Schill, Leonh. Hüttenprod. 1858, S. 328—330.
Idokras. Credner, 1837, dito. S. 388—394.
Kupfer. Quenth, Erdm. J. f. prakt. Chem. 1846, Bd. 37, S. 226. — Bromeis, Cementkupfer.
Kupfererze. Berthier (P.), Mansfeld. Hüttenprod. Ann. d. Min. 1824, Bd. 9, S. 63—68.
Kupferglimmer. Rammelsberg, Leonh. Hüttenprod. 1858, S. 395.
Stromeyer, 1817. (Vide supra.)
Rothes Kupferoxydul. Kersten. (C. M.), Erdm. J. f. prakt. Chem. 1840, Bd. 19, S. 118. — N. Jahrb. f. Min. 1841, S. 116.
Buntkupfererz. Böcking, Analyse einiger Mineralien. Götting. 1855, S. 29.
Machefer. Delesse. (Vide supra.)
Mica. Mitscherlich a. Garpenberg, Abh. k. Ak. Wiss. Berl. f. 1822—1823. — Karsten's Arch. f. Bergb. 1823, Bd. 7, S. 246.
Nickelkupfer. Gurlt, Pyrog. Min. 1857, S. 13.
Olivin. Klaproth, Beiträge 1810, Bd. 5, S. 222, 5. An.
Mitscherlich, Abh. d. k. Ak. d. Wiss. zu Berlin f. 1822—1823, S. 25.
Ebelmen, Ann. d. Min. 3. F., Bd. 10, S. 671.
Placodin. Leonh. Hüttenprod. 1858, S. 398.
Pseudonephelin. Schnabel, Leonh. S. 306.
Rubis. Malaguti, C. R. Ac. d. Sc. P. 1837, Bd. 4, S. 999. (Siehe Rubis, Gaudin.)
Scheelerz. Manross, 1852. (Siehe im Allgemeinen.)
Winkler, Erfahrungssätze über die Bildung der Schlacken. Freiberg 1827.
Schlacken. Berthier (P.). Wicks Hochofen bei Plymouth. J. d. Min. 1808, N. 135. Ann. d. Min. 1826, B. 13. — N. Jahrb. f. Min. 1839, 191.
Bodemann, Pogg. Ann. Phys. 1842, Bd. 55, S. 485. — Ann. d. Min. 1842, 4. F., Bd. 2, S. 500.
Drouot, 1844. (Siehe Graphit.)
Fehling, Ludwigsthal bei Tuttlingen. Würtemb. Naturw. Jahresh. 1847, Bd. 3, S. 133—134.
Percy (Dr.) u. Müller, Brit. Assoc. 1847. — Quart. J. geol. Soc. L. 1848, Bd. 4. Speech. S. CXIV—CXV.
Schnabel (Dr. C.), Saynerhütte. Pogg. Ann. Phys. 1851, Bd. 84, S. 158. — Berg- u. Hüttenm. Zeit. 1851, S. 812—814.
Glasschlacken. Vauquelin, J. de Physiq. A. XIII. Prarial (1805), S. 60.
Haarschlacken. Rhode, Leonh. Hüttenprod. 1858, S. 178.
Halbschwefelmangan. Karsten. (Vide supra.)
(Boué.)

Schwerspath. (Siehe Baryt.)
Silber. Blei. Kupfer. Plattner. (Siehe Gurlt's Abh. S. 17.)
Blicksilber. Lampadius, Leonh. Hüttenprod. 1858, S. 369.
Silicate. Moro (L. v.), dito S. 399.
Kieselschmelz. Ilsenburg. Koch, Beiträge S. 41. Gibbs (W.), Leonh. Hüttenprod. 1858, S 395.
Alkalinische Silicate. Berthier (P.), Im Cheneau Hochofen bei Speyer. Ann. d. Min. 1824, Bd. 9, S. 249. — Karsten's Arch. f. Bergb. 1826, Bd. 10, S. 286. — Im Mertyr-Tydvil Hochofen Wales. Ann. d. Min. 1826, Bd. 13, S. 101—102. — Karsten's Arch. f. Bergb. 1827, Bd. 14, S. 452 oder 462.
Eisen- u. Mangan Oxydulsilicate. Moro (Leop. v.), Ann. d. Chem. u. Pharmac. 1845, Bd. 55, S. 354—356. — N. Jahrb. f. Min. 1849, S. 198.
Hydratsilicat während rother Hitze. Bunsen (B.), Pogg. Ann. Phys. 1851, Bd. 83, S. 229. — N. Jahrb. f. Min. 1851, S. 862.
Spinell. Ebelmen, 1847. (Vide supra.)
Strahlsteinähnliche Schlacken. Cohen, Leonh. Hüttenprod. 1858, S. 24.
Schwefelsaurer Strontian. Manross, 1852. (Vide supra.)
Gediegenes Titan. Woehler, Würfel, Mertyr-Tydvil, Hochofen Wales, Ber. über d. Mitth. d. Fr. d. Naturw. in Wien 1850, Bd. 6, S. 121. Cyantitan mit Stickstofftitan.
Wiser (D. F.), Titan zu Plons, Sargans.
Vanadium. Hochofen. Kersten (C.), Pogg. Ann. Phys. 1842, Bd. 57, S. 121 bis 128. — Ann. d. Min. 1843, 4. F., Bd. 3, S. 803—805.
Wolframsäure enthaltene Schlacke. Rammelsberg, Zeitschrift deutsch. geol. Ges. 1864, Bd. 16, S. 7.
Weber (Fr. Ch.), Zeitschr. d. Ver. deutsch. Jagen 1858, Bd. 2, S. 123.
Zinkoxyd. Torrey, Leonh. Hüttenprod. 1858, S. 377. — Lanpadius, dito.
Eisenhaltiges Zinnhüttenproduct. Plattner, Berg- u. Hüttenm. Zeit. 1854, S. 303.

Künstliche Erzeugung der Felsarten.

Fournet, Ann. Soc. roy. d'agric. et Sc. nat. de Lyon 1841. — Soc. philomat. Paris 1842, 16. Dec. — L'Institut 1843, S. 447—449.
Forchhammer (J. G.), Einfluss des Küchensalzes auf die Bildung der Mineralien. Pogg. Ann. Phys. 1854, 3. F., Bd. 91; 4. F., Bd.1, S. 568—585. — Erdm. J. f. prakt. Chem. 1854, Bd. 62; N. F., Bd. 11, S. 171—174.
Sorby (H. C.), Beob. über mikroskopisch. Structur der krystallisirten Mineralien angewandt auf Enträthselung der Bildungsweise der Mineralien in Felsarten. Quart. J. geol. Soc. L. 1858, Bd. 14, S. 242. — Phil. Mag. 1858, Bd. 15, S. 152.

Plutonische Felsarten. Fournet, Bull. Soc. géol. Fr. 1846, 4. P., Bd. 3, S. 478—485. Eine Sammlung der Art zu Lyon.
Daubrée, 1860. (Vide supra.)
Metamorphische Felsarten. Daubrée, Études et Exper. synthetiq. sur le Metamorphisme et sur la formation des roches cristallines. P. 1860, 4°. — Memoir. pres. par div. Savans à l'Acad. d. Sc. P. 1860, Bd. 17. — Bull. Soc. géol. Fr. 1861, Bd. 18, S. 169—199. — Ann. d. Min. 1859, N. F., Bd. 16, S. 155—302 u. 393—476. — N. Jahrb. f. Min. 1860, S. 727 bis 732, 817—827. — Deutsch. Übers. v. Ludwig, Beob. über Gesteins Metamorphose u. experimentelle Versuche über die Mitwirkung des Wassers bei derselben. Darmstadt 1858.
Basalt. Hall (Sir James) u. s. w. (Vide supra.)
Bimstein. Durch eine Feuersbrunst. Tillet, Mem. Ac. de Sc. P. 1760. — N. physikal. Belustig. Prag 1770, Th. 2, Abh. 4.
Hausmann (Fr.), Eisenschlacken mit Wasser begossen. (Vide supra.)
Deville, Aus Obsidian mittelst einer Arbeiter Schmelzlampe. Bull. Soc. philomat. P. 1851, S. 24. — L'Institut 1851, S. 172—173.
Hermann (R.), Bull. Soc. d. Naturalist. de Moscou 1837, Bd. 36, N. 1, S. 545. — N. Jahrb. f. Min. 1859, S. 447.
Dolomit. Haidinger, Beweise der Verwandlung des Kalkspathes in Dolomit durch die Pseudomorphosen. Edinb. roy. phil. Soc. Trans. 1827, März, 19. Bd. 11. — Pogg. Ann. Phys. 1827, Bd. 11, S. 385. — Deutsch. Naturf. Vers. 1843. — Bull. Soc. géol. Fr. 1843, Bd. 1, S. 18. — N. Jahrb. f. Min. 1845, S. 723.
Morlot (Adolph), Durch Hitze und Druck mittelst Kalkstein und schwefelsaure Magnesia. Haidinger's naturw. Abh. 1847, Bd. 1, S. 305—315. — Mitth. d. Fr. d. Naturw. in Wien 1847, Bd. 2, S. 395 u. 461; 1848, Bd. 4, S. 178. — C. R. Ae. Sc. P. 1848, Bd. 26, S. 311. — Bibl. univ. Genève 1847, Bd. 7, S. 324—327. — N. Jahrb. f. Min. 1847, S. 862—804; 1849, S. 489—493. — Edinb. n. phil. J. 1849, Bd. 46, S. 78—82. — Americ. J. of Sc. 1848, Bd. 6, S. 268. — Erdm. J. f. prakt. Chem. 1849, Bd. 46, S. 317.
Marignac, Wiederholung der Haidinger. Exper. Bibl. univ Genève 1850?
Forchhammer, Mischung von Seewasser mit kohlensaurem Kalk enthaltende Wässer. Overs. k. Vidensk. Selsk. Forh. Copenhag. 1840, S. 83. — L'Institut 1849, S. 407. — Erdm. J. f. prakt Chem. 1850, Bd. 49, S. 52 bis 64.
Durocher, Mittelst Bittererde Dämpfe. C. R. Ac. d. Sc. P. 1851, Bd. 33, S. 64 bis 69. — L'Institut 1851, S. 236. — N. Jahrb. f. Min. 1852, S. 528; 1853, S. 701. — Erdm. J. f. prakt. Chem. 1851, n. R., Bd. 3, S. 1—3. — Edinb. n. phil. J. 1854, Bd. 56, S. 374. — Americ. J. of Sc. 1854, Bd. 17, S. 128. — Phil. Mag. 1851, 4. R., Bd. 2. S. 504.
Moitessier (A.) in Bicarbonate enthalt. Min. Wässer des Thal Lamalou. Ac. de Montpellier Sect. Sc. 1863, Bd. 5, S. 440.
Felsit. Harcourt (Rev. Will. Vernon). Aus einem Millstonegrit oder feldspathreichen Sandstein im Hochofen. Murchison's Silur. System. 1839. S. 228.

Gips. Durch Schwefelsäure u. Schwefelwasserstoff auf Kalkstein.
Kaolin. Fournet, Annal. Scientifiq. d'Auvergne 1834, März, S. 225.
Kieselschiefer. Hausmann (Fr.), Aus Thonschiefer in Magdespränger Hochofen. Edinb. n. phil. J. 1838, S. 81.
Conglomerate am Rhein. Andreä, Briefe a. d. Schweiz nach Hannover. 1763, 2. Aufl. 1776, S. 36.
Beaufort (Francis), Am Meeresufer Caramaniens. Mem. of a Survey of Coast of Karamania 1820.
Macculloch, Quart. J. of Sc. L. 1825. — Zeitschr. f. Min. 1826, Bd. 2, S. 302 bis 309.
Prevost (Const.), Küste der Normandie. Mag. of nat. Hist. Loudon's 1836, Bd. 9, S. 46.
Pasini (L.), Giornal. della ital. letterat. 1828, Bd. 65, S. 97. — Bull. univ. Ferussac's 1829, Bd. 17, S. 31—33.
De la Beche (H. Th.), Phil. Mag. u. Ann. of phil. 1830, Bd. 7, S. 161—171, Taf. 2, Geolog. Notes 1830.
Fabre, Muschelreicher zu Oran. Ac. d. Sc. P. 1839, 7. Jän. — C. R. Ac. d. Sc. P. 1853, Bd. 36, S. 16.
Eisenhaltige Conglomerate u. Breccien. Lehmann, mit. Technolithen zu Helsingoer, Dänemark. Isis 1831, S. 906.
Im Meere zu Cherbourg. Duhamel (Sohn), J. d. Min. An. 7, Nivos N. 52, Bd. 9, S. 279.
Neven (Brüder), Um einen oxydirten Anker. C. R. Ac. d. Sc. P. 1837, Bd. 5, S. 601.
Berthier, dito seit 1500 in der Seine. Ann. d. Min. 1838, 3. F., Bd. 13, S. 664.
Becquerel, dito. C. R. Ac. d. Sc. P. 1838, Bd. 6, S. 215—217.
Hewins (N. H.), Englands Küsten. Phil. Mag. 1842, Bd. 20, S. 446—447.
Nardo, Sul. potere aggregatore del Ferro oss. chimic. geol. Venezia 1852.
Nöggerath, Um eiserne Bomben in Rhein bei Bonn. Verh. niederrh. Ges. 1855, 15. Nov. — N. Jahrb. f. Min. 1857, S. 450—454.
Breccie, Mit Artefacten zu Ostende. Verh. naturh. Ver. Preuss. Rheinl. 1858, Bd. 15, Sitzber. Art. 3.
Krantz, Um eisernen Nägeln. Dito Art. 23.
Ehrenberg, Eiserne Morpholiten auf einem unterseeischen Telegraphentau. Monatsber. k. Preuss. Ak. 1858, S. 624—625.
Laven. De Saussure, Voy. dans les Alpes 1780, §. 170.
Dolomieu, Nicht gelungene Versuche mit Schmelzung des Trapp. J. d. Phys. 1794, Bd. 44, S. 117 adnotat.
Hall (Sir James) u. s. w. (Vide supra.)
Marmor. Faujas St. Fond. Kalkstein in Lava erweicht. Villeneuve le Berg. Hist. nat. d. volcans 1784.
Sir James Hall's, Experimente (vide supra) u. s. w.
Buchholz, Kohlensauren Kalk in Marmor nur durch Hitze verwandelt. Moll's Ephemerid. d. Berg- u. Hüttenk. 1806, Bd. 2, S. 542—543.
Hausmann (Fr.), Kalkstein im Wermelander Hochofen ohne Kohlensäureverlust erweicht. Reise in Scandinavien 1812.

Barruel, Missglückte Wiederholung der Sir J. Hallischen Experimente. C. R. Ac. d. Sc. P. 1844, Bd. 19, S. 49.

Rose (Gust.), Durch Kalkspathschmelzung. Monatsber. k. Preuss. Ak. 1862, S. 669. — Pogg. Ann. Phys. 1863, Bd. 118, S. 565—575; Bd. 119, S. 1 bis 10. — Erdm. J. f. prakt. Chem. 1863, Bd. 88, S. 256. — Zeitschr. deutsch. geol. Ges. 1863, Bd. 15, Sitz. S. 456—457. — N. Jahrb. f. Min. 1863, S. 404; 1864, S. 364.

Kieselmühlsteine. Mougy, Kieselige Kalksteine mit Hydrochlorsäure behandelt. Bull. Soc. géol. Fr. 1856, Bd. 13, S. 581. — Hebert's Kritik dito S. 584—585.

Kieselige Nieren. Ehrenberg (G.), Über Beissel's Experimente. Monatsb. k. Preuss. Ak. d. Wiss. 1859, S. 685.

Obsidian. Dechen (H. v.), Hüttenproduct. Niederrhein. Ges. f. Nat. u. Heilk. 1861 Dec.. — N. Jahrb. f. Min. 1862, S. 192.

Capillarabart. (Vide supra Capillarbildung.)

Obsidianartiger Basalt als veränderter Liassandstein im Wasseralfingen Eisenhochofen. Zobel, Leonh. Hüttenprod. 1858, S. 10.

Oolit. Buch (Leop. v.), Physikal. Beschreib. d. Canarisch. Insel 1825, S. 258. — Keferstein's Teuschland 1827, Bd. 4, S. 196—198.

Ehrenberg, Polythalamen, Melonien, Nodosarien u. s. w. Berlin Akad. 30. März 1843. — L'Institut 1843, S. 401. — Edinb. n. phil. J. 1844, Bd. 36, S. 201 bis 202. — N. Jahrb. f. Min. 1844, S. 378.

Rogers (W. B.), Organism. Formen im Paleozoischen. Americ. J. of Sc. 1844, Bd. 47, S. 119.

Virlet d'Aoust, sich Fortbildende durch Eier der Corixa femorata, Insect Mexicos. C. R. Ac. d. Sc. P. 1857, Bd. 45, S. 865—868. — L'Institut 1859, S. 405 und 409. — N. Jahrb. f. Min. 1858, S. 226—227. — Bull. Soc. géol. Fr. 1857, Bd. 15, S. 187—205. — Ann. a. Mag. of nat. Hist. 1858, 3. F., Bd. 1, S. 79. — Geologist 1858, Bd. 1, S. 72—73. — Canad. J. 1859 Juli, N. F. N. 22, S. 324. — Gornol J. 1858, Bd. 1, N. 2, S. 366—368.

Guerin de Meneville, Beschreibung dieser Eier und Insecten. Ann. Sc. nat. Zoolog 1862, 3. F., Bd. 2, S. 213. — Geologist 1862, Bd. 5, S. 136.

Pisolithe in einem Bergwerke Freiberge und dem Karlsbader Sprudelsteine ähnlich. Breithaupt, Bergm. Ver. zu Freiberg 1854, 14. Febr. — Berg- u. Hüttenm. Zeit. 1854, S. 303.

Lassaigne, Löslichkeit d. kohlensauren Kalk in Sauerlingen. Phil. Mag. 1847, Bd. 30, S. 297 u. s. w.

Porphyr. Paillette (Adrien.), Im Stahlofen. Bull. Soc. géol. Fr. 1849. N. F. Bd. 7, S. 38—39.

Quarzit. Bryson (A.), Brit. Assoc. 1863, Geologist 1863, Bd. 6, S. 378.

Sphaerulith durch Entglasung. Kersten (C.), Erdm. J. f. prakt. Chem. 1843, Bd. 39, S. 145—147. — Haidinger's Übers. d. mineralog. Forschung im J. 1843, S. 72.

Trapparten. Hall (Sir James), 1799 u. s. w. (Siehe Entglasung.)

Travertin. Sainte-Claire Deville (Ch.), See Pulici u. la Valancella in Sicilien. Bull. Soc. geol. Fr. 1862, Bd. 19, S. 774. — Zu Tivoli u. s. w.

Tufkalk. Noeggerath, In alten Mauern. Verh. naturhistor. Ver. Preuss. Rheinl. 1855, Bd. 12, S. LXXIII.
Fleischer, Würtemb. Naturwissensch. Jahresh. 1856, Bd. 12, S. 61—62.
Ebelmen, Blaue Kalksteine mit gelblichem Rande. C. R. Ac. d. Sc. P. 1851, Bd. 33, S. 681.
Blättrige Structur. Fox, Im Thone durch Voltaische Elektricität verursacht. S. Ann. Report of the roy. Cornwall polytechnical Soc. 1838, S. 20 u. 21. — Edinb. n. phil. J. 1838, Bd. 25, S. 196 bis 198.
Schieferige Structur des Metamorphischen. Ähnlichkeit im geschmolzenen Glase. Daubrée, Bull. Soc. géol. Fr. 1857, Bd. 15, S. 115.
Abwechslung der Gesteine. Brochant de Villers, Wässeriger Niederschlag der Newcastler Steinkohlenbergwerke gefärbt während der Woche und farblos den Sonntag. Seine Vorlesungen 1818.
Gerölle. Buzin, Mém. de l'Acad. d. Sc. P. 1739. Hist. S. 1; in 8. Ausg. A. 1739. Hist. S. 1.
Daubrée (A.), Sammt Sand und Schlamm. Ann. d. Min. f. 1857, 5. F., Bd. 12, S. 535—560. (Vide infra Erratische.)
Gerölle mit Eindrücken. Daubrée, dits.
Reich u. Cotta, Berg- u. Hüttenm. Zeit. 1858, S. 107. — N. Jahrb. f. Min. 1859, S. 813. (Mit schwachen Säuren.)
Erratische Felsenschrämme und Streifen. Daubrée (A.), Versuche darüber. C. R. Ac. d. Sc. P. 1857, Bd. 44, S. 997—1000. — Bull. Soc. géol. Fr. 1857, Bd. 15, S. 250—267. — Ann. d. Min. 1858, Bd. 12, S. 535 bis 560. — N. Jahrb. f. Min. 1858, S. 82.
Blake (W. P.), On Grooving a. polishing of hard Rocks a. Minerals by dry Sand 1858.
Verwitterung der Felsarten durch doppelte Zersetzung. Becquerel, Ann. de Chim. et Phys. 1833, Bd. 54; 1834, Bd. 56, S. 97. — Bibl. univ. Genève 1834, Bd. 55, S. 433—443.
Wirkung der elektrischen Strömung. in Felsarten. C. R. Ac. d. Sc. P. 1844, Bd. 19, 1845, Bd. 20, S. 1509—1536; 1846, Bd. 22, S. 788. — Bull. Soc. géol. Fr. 1845, N. F. Bd. 2, S. 222—223. — Archiv de l'electricité. De la Rivés, 1844, Bd. 4, N. 16. — Bibl. univ. Genève 1844, N. F. Bd. 54, p. 402.
Lagerung der Felsarten und Erzgängen. Paccard (Dr.), Ursache der Lage der Felsarten in Bögen, in winkelige, schiefe, verticale und horizontale Position so wie die Art Erzgänge nachzuahmen. Rozier's Obs. sur la Phys. 1781, Bd. 2, S. 184.
Erzgänge. Fox, Voltaische Erzeugung eines Galmeyganges zwischen zwei Erdlager. Report. brit. Associat. 1838, Newcastle. — Americ. J. of Sc. 1839, Bd. 55, S. 308.
Durch Thermalwässer. Senarmont, 1851. (Siehe Erz. a. nassem Wege.)
Daubrée, C. R. Ac. d. Sc. P. 1858, Bd. 46, S. 1201—1205. — Bull. Soc. géol. Fr. 1859, Bd. 16, S. 562—591. — Ann. d. Min. 1858, Bd. 12, S. 127 bis 259. — N. Jahrb. f. Min. 1858, S. 734—736. — Berg- u. Hüttenm. Zeit.

1850, S. 3, 10, 22, 30, 46, 61, 94 u. 117. — Geologist 1858, Bd. 1, S. 346 bis 348.

Becquerel, Elektrochemie der Oxyde, Sulfure, Chlorure und anderer metallisch. Verbindungen. Traité de Physiq. 1844, Bd. 2, S. 427—437. — Elemens d'Electrochimie 1843 u. 1865.

Cotta (B.), Künstl. Erz. in der Sohle eines Flammofens der Muldener Schmelzhütte bei Freiberg. Gangstudien 1849, Bd. 2, N. 1.

Daubrée (A.), Bildung der titanhaltigen Erzgänge der Alpen. Ann. d. Min. 1849, Bd. 16.

Durocher, Auf trockenem Wege. C. R. Ac. d. Sc. P. 1851, Bd. 32. S. 823—826.

Fournet, Ann. Soc. d'agric. de Lyon.

Secundäre Bildung der Erzgänge. Paillette (Adr.), C. R. A. d. Sc. P. 1837, Bd. 5, S. 88—92.

Physik des Erdballes. Chenot, Phénomènes obs. au moyen d'éponges metalliques. (Zur Titel) C. R. Ac. d. Sc. 1852, Bd. 34, S. 655.

Metallische organische Verbindung. Frankland (E.), Erdm. J. f. prakt. Chem. 1855, Bd. 65, S. 22—54.

Verkieselung der Versteinerungen. Beissel, Für kalkige Muschel. Monatsber. d. k. Preuss. Ak. d. Wiss. B. 1859, S. 685—690. — Ehrenberg's Bem. S. 600.

Perlmutter. Horner (Leonh.), On an artificial substance ressem bling shell with an account of an examination of the same by Sir D. Brewster, L. 1836, 4. C. R. Ac. d. Sc. P. 1836, Bd. 2, S. 476—478. — Pogg. Ann. Phys. 1836, Bd. 38, S. 211—213. (In einem Cylinder, worin man in Kalkwasser gekochte Leinwand wuschte.)

Tripel. Ehrenberg, Organische Kieselbildung d. Thermalwässer zu Ischia. Monatsber. k. Akad. d. Wiss. Berl. 1858.

Künstliche Petrificirung der Pflanzen und Thiere. Goeppert, Vers. deutsch. Naturf. Jena 1830. N. Jahrb. f. Min. 1837, S. 117. — Pogg. Ann. Phys. 1836, Bd. 38, u. 1837, Bd. 42. — L'Institut 1836, S. 397. — Edinb. n. phil. J. 1837, Bd. 23, S. 73—82.

Mit Hyalit bedeckte Pflanzentheile. Goeppert, In einer kieselhydrofluors. Solution. Edinb. n. phil. J. 1837, Bd. 23, S. 82, Adnot.

Morris, Künstl. Erz. von Farnkr. Abdrücken. Proceed. Linn. Soc. L. 1837, 5. Dec. Phil. Mag. 1838, Bd. 12, N. 72, S. 95.

Bituminoses Holz in 45 Jahren gebildet zu Simmering. Wien. Zeitschr. f. Phys. u. Math. 1829, Bd. 6, S. 291. — Ferussac's Bull. 1830, Bd. 20, S. 383.

Goeppert, A. Coniferen. Karsten's Arch. f. Min. 1840, Bd. 14, S. 185 adnot.

Demoustier, Holz längere Zeit in der Erde und im Wasser. J. d. Min. A. 3, Bd. 2, N. 11, S. 83—86.

Braunkohle. Goeppert, Brit. Associat. 1847 Oxford. — L'Institut 1848, S. 74. — Bull. univ. Genève 1848, 4. F., Bd. 7, Archiv S. 520. — Pogg. Ann. Phys. 1847, Bd. 72, 3. F. Bd. 12, S. 174—175.

Fournet, Schmelzung d. Holz in zugeschlossen. Cylinder wie Cagniard Latour. Bull. Soc. géol. Fr. 1849; N. F. Bd. 6, S. 459.

Barouilhet, L'Institut 1858, S. 58.
Braunkohle und Kohle. Goeppert, Unter Wasser mit 80° R. während des Tages und 50—60° während der Nacht. Künstl. Erz. der Braunkohlen, mit 1/96 Eisenvitriol künst. Erz. der Kohle. Augsburg. Allg. Zeit. 1847 Juli, N. 199, S. 1590. — Breslauer Jahresber. 1847. (Vide supra.)
Haidinger, Dasselbe mit Addenda. Mittb. d. Fr. d. Naturwiss. in Wien 1847, Bd. 3, S. 116—118.
Kohle und Bitumen. Hatchett (Ch.), Versuche. Lond. phil. Trans. 1805 u. 1806, Th. 2, S. 109—146. — Phil. Mag. 1805, Bd. 23, S. 123—182; Bd. 27, S. 64—76 u. 99. — Gehlen's J. f. Chem. u. Phys. 1806, Bd. 1, S. 543—613.
Unter Druck und mit Hitze. Macculloch (Dr. John), Lond. geol. Soc. 1812 1. Mai. — Trans. geol. Soc. L. 1814, Bd. 2, S. 1—28. — Gilbert's Ann. Phys. 1813, Bd. 43, S. 336—339. — Bibl. brit. Genève 1812, Bd. 51, S. 184—189.
Hutton (W.), Kohle unter dem Mikroskope. Proceed. geol. Soc. Lond. 1833, Bd. 1, S. 415—417. — Phil. Mag. 1833, Bd. 2, S. 302. — N. Jahrb. f. Min. 1833, S. 622. — N. Archiv f. Min. 1837, Bd. 7, S. 234—236.
Boudant, Pflanzen unter grosser Hitze (180—200° C.) und einem ziemlich geringen Druck. Rivière's, Ann. Sc. geol. 1842, S. 420 adnot. und seine Mineralogie 1844, S. 210.
Goeppert, Karsten's N. Archiv f. Min. 1844, Bd. 18, S. 529—531. — N. Jahrb. f. Min. 1844, S. 836; 1847, S. 109; 1848, S. 726—729. — Übers. Arbeit Schles. Ges. f. vat. Cult. 1847, S. 46—53. — Brit. Assoc. 1846. — L'Institut 1846, S. 377. — Bibl. univ. Genève 1846, Bd. 3, S. 283—284. — Americ. J. of Sc. 1847, Bd. 3, S. 118. — Erdm. J. f. prakt. Chem. 1847, Bd. 42, S. 56. — Quart. J. geol. Soc. L. 1850, Bd. 6, Ausz. S. 33 bis 34. — Natuurk. Verh. v. d. Holland. Meatsch. de Wet. te Haarlem. 2. F. 1848, Bd. 4, S. I—XVIII u. S. 1—300, 23 Taf. (Auch Düsseldorf.) — C. R. Ac. P. 1849. — Pogg. Ann. Phys. 1852, Bd. 86, S. 482—484. — Übers. Arbeit Schles. Ges. f. vaterl. Cult. f. 1852; 1853, S. 39—40. — Berg- u. Hüttenm. Zeit. 1852, S. 852—854.
Senarmont, C. R. Acad. Sc. P. 1849.
Illustrated Inventor 1821 N. 13—21, S. 282.
Fournet, Holz im verschlossenen Cylinder wie Cagniard Latour. Bull. géol. Soc. Fr. 1849; N. S. Bd. 6, S. 459.
Barouilhet, C. R. Ac. d. Sc. P. 1858, Bd. 46, S. 376. — Geologist 1858, Bd. 1, S. 202—203, 243.
Retinasphalt. Hatchett (Ch.), Lond. phil. Trans. 1804, Th. 2, S. 385. — J. d. Min. 1806, Bd. 20, S. 327—346 u. Bd. 21, S. 147—148. — Bibl. Brit. Genève 1806, Bd. 31, S. 201. — Moll's N. Jahrb. d. Berg- u. Hüttenk. 1809, Bd. 1, S. 462. — Nuova Scelta d'opuscoli. Mailand 1804, Bd. 2, S. 57—62.
Fossiles Harz. Tecoretin, Phylloretin, Xyloretin und Boloretin ähnlich. Terpentinöl in einer isomerischen Verbindung in den dänischen, ehemals mit Tannen bedeckten Torfmooren. Forchhammer, Vesrh. d. Vers. Skandinav.

Naturforsch. 1840. — Ann. d. Chem. u. Pharm. 1842, Bd. 41, S. 39 bis 48. — L'Institut 1842, S. 217. — Ann. d. Min. 1842, 4. F. Bd. 2, S. 413 bis 415. — Quesneville Rev. Scientif. 1840, Bd. 8, S. 332. — N. Jahrb. f. Min. 1843, S. 216—218.

Bitumen, Naphta. Wilson (G.), Erica oder Moossaamen haben im Torfmoore Bitumen erzeugt, aus welchen man Kerzen macht. Geologist 1858, Bd. 1, S. 209.

Hugnenet (Isid.), Asphaltes und Naphtes. 2. Aufl. P. 1852, 8.

Verschiedene Arten Torfs. Zahlreiche Bibliographie. Grisebach, Götting. Studien. 1845, Bd. 1, Th. 1. — N. Jahrb. f. Min. 1846, S. 744—746 u. s. w.

ADDENDA.

Völlner (Christ.), Versch. fundamental. Krystallformen eines selben Salzes durch Verschiedenheiten in der Solution veranstalt. Kastner's Arch. f. Naturl. 1825, Bd. 6, S. 364. 374, Fer. Bull. 1826, Bd. 9, S. 392.

Sainte-Claire Deville. Über Debray's Ab. über Isodimorphismus der Arseniku. Antimonsäure, Erzeug. d. prismatisch. Arsenikšäure. C. R. Ac. d. Sc. P. 1864, Bd. 59, S. 98—101.

Fournet (J.), Spheroidische Glaskugel, mit einendige strahlförmige Structur a. e. Mittelpunkt ausgehend zu St. Bersin, Ann. Sc. phys. et nat. Soc. d'agric. de Lyon 1841.

Sainte-Claire Deville (Ch.), Barytcarbonat erzeugt durch Barytwasser an der Luft ausgesetzt. C. R. Ac. Sc. P. 1864. Bd. 59, S. 101 adnotat.